***ACCESO GRATIS* a la Lectura en la Nube**

Para visualizar el libro electrónico en la nube de lectura envíe junto a su nombre y apellidos una fotografía del código de barras situado en la contraportada del libro y otra del ticket de compra a la dirección:

ebooktirant@tirant.com

En un máximo de 72 horas laborales le enviaremos el código de acceso con sus instrucciones.

Compendio de Legislación Municipal de Chile

Ley de Alcoholes

Compendio de Legislación Municipal de Chile

Ley de Alcoholes

Incluye índices temático y analítico

Equipo de redacción Editorial Tirant lo Blanch

tirant lo blanch
Valencia, 2024

EDITA: TIRANT LO BLANCH
C/ Artes Gráficas, 14 - 46010 - Valencia
Telfs.: 96/361 00 48 - 50
Fax: 96/369 41 51
Email: tlb@tirant.com
www.tirant.com
Librería virtual: https://editorial.tirant.com/cl
ISBN: 978-84-1071-495-3

Si tiene alguna queja o sugerencia, envíenos un mail a: *atencioncliente@tirant.com*. En caso de no ser atendida su sugerencia, por favor, lea en *www.tirant.net/index.php/empresa/politicas-de-empresa* nuestro procedimiento de quejas.

Responsabilidad Social Corporativa: http://www.tirant.net/Docs/RSCTirant.pdf

ÍNDICE TEMÁTICO

LEY NÚM. 19.925 | LEY SOBRE EXPENDIO Y CONSUMO DE BEBIDAS ALCOHÓLICAS

MINISTERIO DEL INTERIOR; SUBSECRETARIA DEL INTERIOR

Fecha Publicación: 19-ENE-2004 | Fecha Promulgación: 19-DIC-2003

Tipo Versión: Última Versión De: 07-AGO-2023 Inicio Vigencia: 07-AGO-2023

Fin Vigencia: 07-JUL-2026

Ultima Modificación: 06-AGO-2021 Ley 21363

Url Corta: https://bcn.cl/3ei2z

Teniendo presente que el H. Congreso Nacional ha dado su aprobación al siguiente

Proyecto de ley

"**Artículo primero.-** Apruébase la siguiente Ley SOBRE EXPENDIO Y CONSUMO DE BEBIDAS ALCOHÓLICAS:

Artículo 1º.- Esta ley regula el expendio de bebidas alcohólicas, su etiquetado y normas sobre publicidad; las medidas de prevención y rehabilitación del alcoholismo, y las sanciones y los procedimientos aplicables a quienes infrinjan las disposiciones pertinentes.

Ley 21363
Art. 1 Nº 1
D.O. 06.08.2021

TÍTULO I
DEL EXPENDIO DE BEBIDAS ALCOHÓLICAS

Artículo 2º.- Todos los establecimientos que expendan, proporcionen, distribuyan o mantengan bebidas alcohólicas, estarán sujetos a la vigilancia e inspección de Carabineros de Chile y de los inspectores municipales y fiscales, en el ámbito de sus respectivas competencias.

El que estorbe o impida la entrada de los mencionados funcionarios, incluidos los dueños, administradores o empleados de dichos establecimientos, incurrirá en contravención y será sancionado con multa de una a cinco unidades tributarias mensuales. La segunda vez que incurra en esta infracción será sancionado con el doble de la multa y la tercera vez, con el triple de la multa con que hubiere sido sancionado la primera vez.

Si fuere el administrador o dueño del establecimiento quien ejecutare esa conducta, se aplicarán las penas previstas en el inciso anterior, pero la segunda vez que cometa dicha contravención, se agregará la clausura temporal del establecimiento, por un período no superior a tres meses y, si la perpetrare por tercera vez, la clausura definitiva del establecimiento.

Artículo 3º.- Todos los establecimientos de expendio de bebidas alcohólicas quedarán clasificados dentro de las siguientes categorías y tendrán las características que se señalan:

A) DEPÓSITOS DE BEBIDAS ALCOHÓLICAS, para ser consumidas fuera del local de venta o de sus dependencias.

Valor Patente: 1 UTM.

B) HOTELES, ANEXOS DE HOTELES, CASAS DE PENSIÓN O RESIDENCIALES:

a) Hotel y anexo de hotel, en el que se preste servicio de hospedaje y alimentación. El expendio deberá realizarse en las dependencias destinadas para tales efectos. Los hoteles y anexos de hoteles que cuenten con este tipo de patentes podrán realizar espectáculos artísticos consistentes en música en vivo, danza, shows de humor, muestras culturales y en general toda clase de espectáculos de dicha naturaleza, sin necesidad de una patente adicional.

Ley 21529
Art. único N° 1, i y ii
D.O. 20.01.2023

Para estos efectos, se entenderá como anexo de hotel aquella dependencia que posee una continuidad material o funcional con el hotel, ya sea que se ubique de manera colindante al edificio que alberga a este último, o bien porque existe una continuidad de funciones y actividades entre ambos. En todo caso, no podrá considerarse como anexo de hotel aquella dependencia que se ubique a más de 100 metros de distancia del edificio del hotel principal.

Valor Patente: 0,7 UTM.

b) Casas de pensión o residenciales, que proporcionen alojamiento y comida, principalmente por meses. El expendio se hará exclusivamente a los alojados, en las horas de almuerzo o de comida y sólo en los comedores.

Valor Patente: 0,6 UTM.

C) RESTAURANTES DIURNOS O NOCTURNOS, con expendio de bebidas alcohólicas a los clientes que concurran a ingerir alimentos preparados. Los Restaurantes Diurnos que cuenten con este tipo de patentes podrán realizar espectáculos artísticos consistentes en música en vivo.

Valor Patente: 1,2 UTM.

Ley 20591
Art. ÚNICO N° 1
D.O. 07.06.2012

D) CABARÉS O PEÑAS FOLCLÓRICAS:

a) Cabarés, con espectáculos artísticos y expendio de bebidas alcohólicas. Valor Patente: 3,5 UTM.

b) Peñas folclóricas, destinadas a difundir el folclore nacional, con venta de bebidas alcohólicas.

Valor Patente: 3 UTM.

E) CANTINAS, BARES, PUBS Y TABERNAS, con expendio de bebidas alcohólicas y venta de comida rápida.

Valor Patente: 2 UTM.

F) ESTABLECIMIENTOS DE EXPENDIO DE CERVEZA O SIDRA DE FRUTAS, que podrán funcionar en forma aislada o junto a pastelerías, fuentes de soda u otros análogos. Valor Patente: 0,5 UTM.

G) QUINTAS DE RECREO O SERVICIOS AL AUTO, que reúnan las condiciones de bar, restaurante y cabaré, pero con playa de estacionamiento de automóviles para sus clientes.

Valor Patente: 3,5 UTM.

H.- MINIMERCADOS de comestibles y abarrotes en los cuales podrá funcionar un área destinada al expendio de bebidas alcohólicas envasadas, para ser consumidas fuera del local de venta, sus dependencias y estacionamientos.

Ley 20033
Art. 9° N° 1 a)

D.O. 01.07.2005

El espacio destinado al área de bebidas alcohólicas no podrá ocupar un espacio superior al 10% de los metros cuadrados destinados a la venta de comestibles y abarrotes.

Lo dispuesto en el inciso anterior se hará exigible a todos los establecimientos que tengan esta categoría de patente dentro de 30 días posteriores a la publicación de esta ley.

Para efectos de esta ley, se entenderá por Minimercados aquellos establecimientos que tengan una superficie menor a 100 metros cuadrados y que cumplan con lo dispuesto en las normas impartidas por la autoridad sanitaria correspondiente.

Valor Patente: 1.5 UTM.

I) HOTELES, APART HOTELES, HOSTERÍAS, MOTELES O RESTAURANTES DE TURISMO:

Ley 21363
Art. 1 N° 2 a)
D.O. 06.08.2021

a) Hotel de turismo, en que se presta al turista servicio de hospedaje, sin perjuicio de otros servicios complementarios, y que comprende las patentes de hotel, restaurante, cantina y cabaré.

Valor Patente: 5 UTM.

b) Apart hotel, en el que se presta al turista servicio de hospedaje, sin perjuicio de otros servicios, con expendio de bebidas alcohólicas.

Valor Patente: 5 UTM.

Ley 21363
Art. 1 N° 2 b)
D.O. 06.08.2021

c) Hostería de turismo, en la que se presta al turista servicio de hospedaje y alimentación, con expendio de bebidas alcohólicas.

Valor Patente: 3 UTM.

d) Motel de turismo, en el que se proporciona servicio de hospedaje en unidades habitacionales independientes o aisladas entre sí, dotadas de elementos que permitan la preparación de comidas.

Valor Patente: 2 UTM.

e) Restaurante de turismo, que comprende las patentes de restaurante, cantina y cabaré.

Valor Patente: 4 UTM.

J) BODEGAS ELABORADORAS O DISTRIBUIDORAS DE VINOS, LICORES O CERVEZA que expendan al por mayor.

Valor Patente: 1,5 UTM.

Las empresas productoras y exportadoras habituales de vino, pisco o cerveza, estarán facultadas, con fines promocionales y turísticos, para vender sus productos envasados al detalle siempre que dicha venta se efectúe en recintos especialmente habilitados para ello dentro del mismo predio de producción, y para ser consumidos fuera del local de venta o de sus dependencias; estas empresas estarán asimismo facultadas para ofrecer, en los referidos recintos, degustaciones de sus productos. Valor Patente: 3 UTM.

Ley 20033
Art. 9° N° 1 b)
D.O. 01.07.2005

K) CASAS IMPORTADORAS DE VINOS O LICORES, destinadas a la venta al por mayor de vinos y licores importados.

Valor Patente: 0,5 UTM.

L) AGENCIAS DE VIÑAS O DE INDUSTRIAS DE LICORES ESTABLECIDAS FUERA DE LA COMUNA, que vendan, por intermedio de comisionistas o de corredores, vinos o licores en representación y por cuenta de una o más viñas o de una o más fábricas de licores o de ambas, siempre que éstas se encuentren ubicadas fuera de la comuna donde el agente ejerce su actividad.

Valor Patente: 1 UTM.

M) CÍRCULOS O CLUBES SOCIALES, deportivos o culturales con personalidad jurídica a quienes se les puede otorgar patente de bebidas alcohólicas, siempre que tengan patente de restaurante y que cumpla con las condiciones dispuestas en la Ordenanza Municipal respectiva.

Valor Patente: 1 UTM.

Ley 20033
Art. 9º Nº 1 c)
D.O. 01.07.2005

N) DEPÓSITOS TURÍSTICOS: Depósitos de venta de bebidas alcohólicas de fabricación nacional, para ser consumidos fuera del local, ubicadas en terminales aéreos y marítimos con tráfico internacional.

Valor Patente: 3 UTM.

Ñ) SALONES DE TE O CAFETERÍAS, en los que se permite también el expendio de cerveza, de sidra y de vino, siempre que vengan envasados.

Valor Patente: 0,5 UTM.

O) SALONES DE BAILE O DISCOTECAS, establecimientos con expendio de bebidas alcohólicas para ser consumidas en el mismo recinto, con pista de baile y música envasada o en vivo.

Valor Patente: 2 UTM.

Ley 20033
Art. 9º Nº 1 c)
D.O. 01.07.2005

P) SUPERMERCADOS, de comestibles y abarrotes en la modalidad de autoservicio, con una superficie mínima de 100 metros cuadrados de sala de venta, más bodegas y estacionamientos, con a lo menos 2 cajas pagadoras de salida, y en los cuales podrá funcionar un área destinada al expendio de bebidas alcohólicas envasadas, para ser consumidas fuera del local de ventas, sus dependencias y estacionamientos.

Ley 20033
Art. 9º Nº 1 d)
D.O. 01.07.2005

El lugar destinado al área de bebidas alcohólicas, no podrá ocupar un espacio superior al 10% de los metros cuadrados, destinados a la venta de comestibles y abarrotes.

Lo dispuesto en el inciso anterior se hará exigible a todos los establecimientos que tengan esta categoría de patente, dentro de 30 días posteriores a la publicación de esta ley.

Valor Patente: 3 UTM.

Q) SALONES DE MÚSICA EN VIVO, establecimientos con expendio de bebidas alcohólicas y venta de comidas, según el tipo de la patente principal, donde se realicen presentaciones de música en vivo.

Valor Patente: 3,5 UTM.

Ley 20591
Art. ÚNICO N° 2
D.O. 07.06.2012

Esta patente sólo podrá otorgarse, con carácter de accesoria, a los establecimientos que cuenten con alguna de las patentes señaladas en las letras C), E), F), G), I), J), M) y Ñ). Ella se concederá previo cumplimiento de los requisitos de zonificación y distanciamiento establecidos en el artículo 8, en las normas sobre emisión de ruidos y en las ordenanzas municipales respectivas, una vez acreditado el cumplimiento de los requisitos antes señalados por decreto alcaldicio.".

Ley 21529
Art. único N° 2
D.O. 20.01.2023

Para efectos de esta letra, se considerará con carácter accesoria la patente de salones de música en vivo que, cumpliendo previamente con los requisitos sanitarios, de distanciamiento y zonificación, acceda a aquellas conferidas en las letras C), E), F), G), I), J), M) y Ñ).

Si el informe técnico al que hacen referencia los artículos 15 y 21 del decreto N° 38, de 2011, del Ministerio del Medio Ambiente, que establece norma de emisión de ruidos generados por fuente que indica, elaborada a partir de la revisión del decreto N°146, de 1997, del Ministerio Secretaría General de la Presidencia, constata el incumplimiento de los niveles máximos permisibles de ruido, la municipalidad podrá declarar la caducidad de la patente accesoria.

En el caso de la letra J), solo podrá otorgarse en las áreas del recinto dedicadas exclusivamente a la venta con fines promocionales y turísticos o a la degustación.

Para los efectos de esta ley se entenderá por venta o expendio al por mayor, el realizado en cantidades no inferiores a 200 litros, si se trata de venta a granel, o de 48 botellas, cajas, latas u otras unidades de consumo si la venta es de bebidas envasadas.

Para la determinación del equivalente en pesos de las patentes establecidas en esta ley, se estará al valor de la unidad tributaria mensual a la fecha de su pago efectivo y no se considerará el sistema de reajustabilidad establecido en el artículo 59 del decreto ley N°3.063 del año 1979.

Artículo 4°.- No podrá concederse autorización para la venta de bebidas alcohólicas a las siguientes personas:

1.- Los miembros del Congreso Nacional, Intendentes, Gobernadores, alcaldes y miembros de los Tribunales de Justicia;

2.- Los empleados o funcionarios fiscales o municipales;

3.- Los que hayan sido condenados por crímenes o simples delitos;

4.- Los dueños o administradores de negocios que hubieren sido clausurados definitivamente;

5.- Los consejeros regionales y los concejales, y

6.- Los menores de dieciocho años.

A los clubes, centros o círculos sociales con personalidad jurídica sólo podrá otorgársele patente para el expendio de bebidas alcohólicas, con informe anual favorable de la respectiva Prefectura de Carabineros.

Artículo 5°.- Las patentes se concederán en la forma que determina esta ley, sin perjuicio de la aplicación de las normas de la Ley de Rentas Municipales y de la ley N° 18.695, en lo que fueren pertinentes.

El valor de las patentes deberá ser pagado por semestres anticipados, en los meses de enero y julio de cada año.

Los establecimientos de expendio de bebidas alcohólicas no podrán funcionar sin que hayan pagado previamente la patente que corresponda, ni podrán continuar funcionando sin tenerla al día, salvo que este hecho no fuere imputable al deudor y lo probare documentalmente, circunstancias que corresponderá apreciar al alcalde.

El que contravenga esta disposición sufrirá una multa de diez unidades tributarias mensuales, que se aumentarán a veinte, si persistiere. Si, aplicada la segunda multa, el infractor no pagare la patente que lo habilita para expender bebidas alcohólicas, será sancionado con la clausura definitiva del establecimiento y con la caducidad de la patente.

Artículo 6º.- Las municipalidades podrán otorgar patentes para el expendio de bebidas alcohólicas tanto en la parte urbana como en la parte rural de la comuna o la agrupación de comunas respectiva.

Artículo 7º.- En cada comuna, las patentes indicadas en las letras A, E, F y H del artículo 3º no podrán exceder, en ningún caso, la proporción de un establecimiento por cada 600 habitantes.

El número de patentes limitadas en cada comuna, distribuidas dentro de las diversas categorías señaladas en el inciso anterior, será fijado cada tres años por el intendente regional, previo informe del alcalde, con acuerdo del concejo, tomando como base el número de habitantes que señale el Instituto Nacional de Estadísticas. Si, requerido por el intendente regional, el alcalde no informara dentro del plazo de treinta días, contado desde la recepción del respectivo requerimiento, se procederá sin su informe.

Con el objeto de dar cumplimiento a los incisos precedentes, y, en su caso, de reducir el número de patentes a la nueva cantidad que se fijare de acuerdo a esas disposiciones si fuere menor a la existente, las municipalidades no renovarán las patentes otorgadas a los establecimientos respectivos cuando sean definitivamente clausurados por infracción a esta ley o a disposiciones municipales, ni aplicarán el procedimiento de remate que se regula en los incisos siguientes, de modo tal que las patentes limitadas caduquen cuando no sean pagadas dentro de los plazos legales hasta que se alcance el número de ellas que se hubiere previsto.

Las patentes limitadas que no hubieren sido pagadas en su oportunidad legal se rematarán en pública subasta al mejor postor, a beneficio de la municipalidad respectiva, y serán adjudicadas por un valor que no podrá ser inferior al mínimo de su clasificación, más los derechos de inspección y reajuste que correspondan.

Los remates se efectuarán quince días después de haberse levantado el acta correspondiente y previa publicidad, en tres oportunidades, en el medio de comunicación local que tenga mayor difusión.

Los postores deberán cancelar, además del precio de la subasta, el semestre vencido de la patente, más los intereses penales que se hubieren devengado.

Artículo 8º.- La municipalidad determinará, en su respectivo plano regulador, o a través de ordenanza municipal, las zonas de su territorio en las que podrán instalarse establecimientos clasificados en las letras D), E) y O) del artículo 3º y locales que expendan bebidas alcohólicas para ser consumidas fuera del respectivo local.

Sin perjuicio de ello, no concederá patentes, para que funcionen en conjuntos habitacionales, a aquellos establecimientos de expendio de bebidas alcohólicas que determine mediante ordenanza municipal.

Para los efectos previstos en los incisos anteriores, la municipalidad solicitará a Carabineros de Chile informe escrito, el que deberá ser evacuado dentro del plazo de treinta días, contados desde la fecha en que se reciba la respectiva solicitud. Si Carabineros de Chile no emitiere el informe dentro del plazo señalado, se procederá sin este trámite.

Tampoco se concederá patentes para el funcionamiento de alguno de los establecimientos indicados en el inciso primero, que estén ubicados a menos de cien metros de establecimientos de educación, de salud o penitenciarios, de recintos militares o policiales, de terminales y garitas de la movilización colectiva. La municipalidad podrá excluir de esta prohibición a los hoteles o restaurantes de turismo.

La distancia se medirá entre los extremos más próximos de los respectivos establecimientos, tomando la línea de acceso principal más corta, por aceras, calles y espacios de uso público.

Artículo 9º.- En la patente deberá anotarse el nombre del dueño, número de su cédula de identidad con indicación del lugar de su otorgamiento y la dirección del negocio.

Igual anotación se hará respecto del adquirente de una patente, en caso de transferencia, o respecto del poseedor o tenedor a cualquier título de ella. Si fuere una persona jurídica, deberá dejarse constancia del o los administradores o gerentes. Las patentes sólo pueden transferirse previa inscripción en la oficina municipal que corresponda, y a personas que no estén comprendidas en las prohibiciones del artículo 4°.

Ley 21363
Art. 1 N° 3
D.O. 06.08.2021

Las patentes de establecimientos clausurados definitivamente son intransferibles.

Artículo 10.- Las Municipalidades podrán otorgar a un mismo establecimiento dos o más de las diversas patentes para el expendio de bebidas alcohólicas. El concesionario sólo quedará autorizado para hacer funcionar durante los días y horas de clausura el negocio o los negocios no afectos a esta medida.

Artículo 11.- Estarán exentas del pago de patentes las bodegas de productores, ubicadas en predios rurales, que tengan por objeto el almacenamiento de vinos y su venta para ser consumidos fuera del local y de sus dependencias.

Las ventas que se efectúen en estas bodegas sólo podrán hacerse al por mayor.

Artículo 12.- En el exterior de todo establecimiento de expendio de bebidas alcohólicas se escribirá con letras perfectamente visibles la frase:

"Expendio de bebidas alcohólicas", la clasificación del negocio y la clase de patente que paga.

La patente deberá estar fijada en el interior en lugar visible al público.

Artículo 13.- Los negocios con expendio de cerveza podrán expender también sidras de frutas, siempre que el grado alcohólico de éstas no sea superior al de la cerveza.

Artículo 14.- Todos los establecimientos de expendio de bebidas alcohólicas, a excepción de hoteles y casas de pensión, deben estar absolutamente independientes de la casa habitación del comerciante o de cualquiera otra persona.

Artículo 15.- No podrán funcionar negocios de expendio de bebidas alcohólicas conjuntamente o colindantes con casas de prenda o establecimientos de compraventa de frutos del país.

Artículo 16.- Ningún negocio de expendio de bebidas alcohólicas podrá establecerse en los conventillos, cités y demás edificios análogos de habitantes y tampoco a una distancia menor de veinte metros de los deslindes de ellos, salvo en los locales comerciales que existan en esos grupos habitacionales.

Se concede acción pública para denunciar las infracciones contempladas en este artículo.

Artículo 17.- Los hoteles y anexos de hoteles, los hoteles de turismo, los supermercados, grandes tiendas, almacenes y establecimientos afines que expendan bebidas alcohólicas para ser consumidas fuera del local, deberán aislar el área de expendio de estos productos para dar cumplimiento al horario respectivo, pudiendo continuar con el funcionamiento del resto del local, si así lo desean.

La suspensión de la autorización, la clausura temporal o definitiva u otras medidas que pudiesen disponerse como consecuencia de la aplicación de las disposiciones de esta ley, afectarán exclusivamente al expendio de bebidas alcohólicas.

Los depósitos de bebidas alcohólicas no necesitarán aislar el área de expendio de estos productos para vender cigarrillos, confites, productos salados u otros artículos envasados de consumo rápido.

Artículo 18.- Las bebidas alcohólicas expendidas por los depósitos de bebidas no podrán ser consumidas en lugares anexos a ellos o ubicados a una distancia menor de cien metros y de los cuales sea propietario, arrendatario o administrador quien tenga alguna de esas calidades respecto del establecimiento de expendio.

Artículo 19.- Se prohíbe la venta de bebidas alcohólicas, en cualquier tipo de envase, en los campos y recintos destinados a espectáculos deportivos, salvo que se efectúen en recintos delimitados que tengan patente de restaurante o círculo o club social con personalidad jurídica; en las vías, plazas y paseos públicos; en los teatros, cines, circos y demás centros y lugares de espectáculos o diversiones públicas que no paguen patente de cabaré; como también en las estaciones ferroviarias, en los trenes y demás vehículos de transporte, salvo que se haga en forma localizada.

Prohíbese la venta de bebidas alcohólicas en estaciones de servicio o bombas bencineras, salvo que en ellas existan establecimientos o restaurantes que cuenten con patente que permita su venta.

Ley 21363
Art. 1 N° 4
D.O. 06.08.2021

No se entenderá prohibida por este artículo la entrega o reparto de bebidas alcohólicas a los establecimientos de expendio en los caminos públicos o vecinales.

En los días de Fiestas Patrias, las vísperas de Navidad y Año Nuevo, cuando se realicen actividades de promoción turística, y en otras oportunidades, especialmente cuando se persigan fines de beneficencia, las municipalidades podrán otorgar una autorización especial transitoria, por tres días como máximo, para que, en los lugares de uso público u otros que determinen, se establezcan fondas o locales donde podrán expenderse y consumirse bebidas alcohólicas. La Municipalidad correspondiente podrá cobrar a los beneficiarios de estos permisos el derecho que estime conveniente.

En los espectáculos de fútbol profesional que el Intendente determine que existe riesgo para la seguridad pública, decretará la prohibición de venta o entrega de bebidas alcohólicas en los centros o recintos donde se lleven a efecto y en un perímetro máximo de cinco cuadras, medida que regirá desde tres horas antes del inicio del evento hasta tres horas después de su finalización.

Ley 20620
Art. 2
D.O. 14.09.2012

Los establecimientos afectados serán notificados de esta resolución por inspectores municipales o por Carabineros de Chile con veinticuatro horas de anticipación a la entrada en vigencia de la misma.

La contravención a las disposiciones precedentes será castigada con las sanciones establecidas en el artículo 43.

Artículo 20.- La municipalidad respectiva deberá suspender la autorización de expendio de bebidas alcohólicas a los establecimientos que se encuentren en los casos siguientes:

1.- Si la patente hubiere sido concedida por error, o transferida a cualquier título, a alguna de las personas señaladas en el artículo 4°;

2.- Si el local no reuniese las condiciones de salubridad, higiene y seguridad prescritas en los reglamentos respectivos, y

3.- Si la patente no fuera pagada en la oportunidad debida.

Artículo 21.- Los establecimientos de expendio de bebidas alcohólicas deberán funcionar con arreglo a los siguientes horarios:

Los establecimientos que expendan bebidas alcohólicas que deban ser consumidas fuera del local de venta o de sus dependencias, sólo podrán funcionar entre las 9.00 y las 1.00 horas del día siguiente. La hora de cierre se ampliará en dos horas más la madrugada de los días sábado y feriados. Se exceptúan las bodegas elaboradoras o distribuidoras de vinos, licores o cerveza que expendan al por mayor, que sólo podrán funcionar entre las 10.00 y las 22.00 horas.

Los establecimientos que expendan bebidas alcohólicas para ser consumidas en el mismo local o en sus dependencias, sólo podrán funcionar entre las 10.00 y las 4.00 horas del día siguiente. Se exceptúan los salones de baile o discotecas, que sólo podrán funcionar entre las 19.00 y las 4.00 horas del día siguiente. La hora de cierre se ampliará en una hora más la madrugada de los días sábado y feriados.

La restricción horaria no regirá el 1° de enero y los días de Fiestas Patrias.

Los alcaldes, con acuerdo fundado del concejo municipal, podrán disponer en la ordenanza respectiva horarios diferenciados de acuerdo a las características y necesidades de las distintas zonas de la comuna o agrupación de comunas, dentro de los márgenes establecidos en los incisos precedentes.

Artículo 22.- El Presidente de la República, cuando sea previsible que el expendio de bebidas alcohólicas en determinada localidad o comuna pudiere contribuir a alteraciones graves del orden público, podrá restringirlo fundadamente hasta que desaparezcan los motivos que provocaren esa decisión, la que en todo caso no podrá tener una duración superior a treinta días.

Las personas que introduzcan o expendan bebidas alcohólicas en una zona declarada seca incurrirán en contravención, que será castigada con las sanciones que el artículo 43 contempla para el expendio clandestino, sin perjuicio de que el tribunal ordene la clausura inmediata del establecimiento que tuvieren a su cargo hasta por el término del período fijado por el Presidente de la República.

Artículo 23.- En las localidades declaradas zonas secas por el Presidente de la República, de acuerdo con lo dispuesto por el artículo anterior, no podrá expenderse cerveza.

Artículo 24.- Las bodegas clasificadas en la letra J) del artículo 3° no podrán repartir bebidas embriagantes en los días y horas en que se prohíbe su expendio, salvo que se trate de movilizar dichos productos para embarques o desembarques.

TÍTULO II
DE LAS MEDIDAS DE PREVENCIÓN Y REHABILITACIÓN

Artículo 25.- Se prohíbe el consumo de bebidas alcohólicas en calles, caminos, plazas, paseos y demás lugares de uso público. La contravención a esta prohibición será sancionada con alguna de las siguientes medidas:

1° Multa de hasta una unidad tributaria mensual.

2° Amonestación, cuando aparecieren antecedentes favorables para el infractor.

El infractor podrá allanarse a la infracción y consignar de inmediato el 25% del monto máximo de la multa ante el oficial de guardia de la unidad policial, o el suboficial en su caso, quien deberá integrar las sumas pagadas dentro de tercero día en la Tesorería municipal o en la entidad recaudadora con la que haya celebrado convenio la Municipalidad.

En caso de que el infractor no consigne, será citado para que comparezca ante el juez de policía local competente.

Se entenderá también que la persona acepta la infracción y la imposición de la multa, poniéndose término a la causa, por el solo hecho de que pague el 50% del monto máximo de ésta, dentro de quinto día de citado al tribunal, para lo cual presentará la copia de la citación, en la que se consignará la infracción cursada. La Tesorería municipal o la entidad recaudadora harán llegar al tribunal el comprobante de pago a la brevedad.

El oficial de guardia, o el suboficial en su caso, dará cuenta en el más breve plazo al juzgado de policía local de las multas pagadas, del dinero recaudado y las citaciones efectuadas, dejando constancia del hecho de ser la primera, segunda o tercera oportunidad en que las personas fueron sorprendidas incurriendo en esta contravención.

En todo caso, cumpliéndose los requisitos previstos en el artículo 20 bis de la ley N° 18.287, el juez podrá conmutar la multa impuesta por la realización de trabajos en beneficio de la comunidad ofrecidos por la Municipalidad respectiva u otro organismo público. Sin perjuicio de lo anterior, dichos trabajos podrán realizarse también en una persona jurídica, de beneficencia, de derecho privado, que los contemplare.

Las disposiciones precedentes se entenderán sin perjuicio de la responsabilidad que procediere por los delitos o faltas cometidas por el infractor.

Artículo 26.- Lo dispuesto en el artículo precedente también tendrá lugar respecto de quienes fueren sorprendidos en la vía pública o en lugares de libre acceso al público en manifiesto estado de ebriedad.

En este caso, si una persona hubiere incurrido en dicha conducta más de tres veces en un mismo año, Carabineros denunciará el hecho al juez de policía local correspondiente. Este podrá imponer, en una audiencia que se citará al efecto, alguna de las siguientes medidas:

1°. Seguir alguno de los programas a que se refiere el artículo 33 o un tratamiento médico, sicológico o de alguna otra naturaleza, destinado a la rehabilitación, y

2°. Internarse en un establecimiento hospitalario o comunidad terapéutica que cuente con programas para el tratamiento del alcoholismo, de conformidad a lo dispuesto en los artículos 33 a 38.

Para resolver, el juez de policía local podrá requerir los informes y diligencias que estime convenientes, a efectos de determinar el diagnóstico de habitualidad de ingesta alcohólica.

En su resolución, el juez precisará la duración de la medida, que no podrá exceder de noventa días, renovable, por una vez, por un período similar.

Las resoluciones que apliquen estas medidas serán apelables de conformidad con lo dispuesto en el artículo 32 de la ley N° 18.287.

Artículo 27.- En los casos a que se refieren los dos artículos precedentes, el infractor será conducido por Carabineros a un cuartel policial para dar cumplimiento a los trámites que se indican en dichos artículos, y para proteger su salud e integridad en conformidad a los incisos que siguen.

Si no tuviere control sobre sus actos, podrá ser mantenido en esas dependencias hasta que lo recupere, con un plazo máximo de seis horas, o, si estuviere en riesgo su salud, será conducido a un Servicio de Salud.

La policía adoptará las medidas necesarias para informar a la familia del infractor o a las personas que él indique acerca del lugar en el que se encuentra, o bien le otorgará las facilidades para que se comunique telefónicamente con alguna de ellas.

En cualquier caso, la policía podrá hacer entrega del afectado a aquella persona que lo solicitare para conducirlo a su domicilio, bajo su responsabilidad, antes de que venza el plazo señalado, y sin perjuicio del ulterior proceso infraccional.

Artículo 28.- Si un menor de dieciocho años de edad fuere sorprendido realizando alguna de las conductas prohibidas en los artículos 25, inciso primero, y 26, inciso primero, como medida de protección será conducido por Carabineros al cuartel policial o a su domicilio, con la finalidad de devolverlo a sus padres o a la persona encargada de su cuidado, siempre que ésta fuere mayor de edad.

Si el menor fuere conducido al cuartel policial, Carabineros adoptará las medidas necesarias para informar a su familia o a las personas que él indique acerca del lugar en el que se encuentra, o bien le otorgará las facilidades para que se comunique telefónicamente con alguna de ellas.

Al devolver al menor a sus padres o a la persona encargada de su cuidado, Carabineros los apercibirá por escrito que, si el menor incurriere en las contravenciones a que se refiere este artículo más de tres veces en un mismo año, se harán llegar sus antecedentes al Servicio Nacional de Menores. Asimismo, consignará en ese documento las ocasiones precedentes en que aquél hubiere realizado tales conductas. La persona que reciba al menor, previa individualización, firmará la constancia respectiva.

Carabineros, en la oportunidad que corresponda, dará cumplimiento al apercibimiento señalado en el inciso precedente.

Artículo 29.- Prohíbese el ingreso de menores de dieciocho años a los cabarés, cantinas, bares y tabernas. Prohíbese, asimismo, el ingreso de menores de dieciocho años a las discotecas cuando en ellas se expendan bebidas alcohólicas.

Ley 21363
Art. 1 N° 5
D.O. 06.08.2021

El administrador o dueño de esos establecimientos, así como quien atienda en ellos, estará obligado a exigir la cédula de identidad u otro documento de identificación expedido por la autoridad pública a todas las personas que deseen ingresar a ellos.

La infracción de esta prohibición será castigada con multa de tres a diez unidades tributarias mensuales. La multa podrá imponerse doblada a los administradores o dueños de los establecimientos referidos, en caso de que el ingreso de menores haya sido autorizado o inducido por éstos.

La segunda vez que se incurra en esta contravención se aplicará el doble de la multa y la clausura temporal del establecimiento, por un período no superior a tres meses. La tercera vez se castigará con el triple de la multa y la clausura definitiva, pudiendo imponerse, además, la cancelación de la patente de alcoholes respectiva.

Artículo 30.- El marido, mujer, padre, hijo, guardador o empleador de una persona habituada a beber con exceso bebidas alcohólicas, podrá hacer notificar judicialmente a los expendedores de estas bebidas para que no las suministre a dicho individuo por un término que no podrá exceder de tres meses para cada notificación.

La persona que da el aviso tendrá derecho a cobrar al notificado, en caso de infracción, los daños y perjuicios que haya sufrido en su persona, propiedad o medios de subsistencia, por causa de la embriaguez.

Artículo 31.- La misma notificación a que se refiere el artículo que precede podrá hacerla el juez de policía local en la audiencia señalada en el artículo 26, a solicitud de cualquier interesado, respecto de las personas que se encuentren en la situación a que se refiere el inciso segundo de esa disposición. En caso de infracción, el notificado responderá aun por los daños y perjuicios ocasionados a terceros, a causa de la embriaguez.

Artículo 32.- La madre de los hijos menores de quien se encuentre en la situación a que se refiere el inciso segundo del artículo 26, o la persona que los tuviera a su cargo, podrán solicitar al juez, en la audiencia prevista en ese inciso, que ordene que se les entregue hasta el cincuenta por ciento de las remuneraciones de aquél a título de alimentos provisorios, si concurrieren los requisitos legales.

Si el juez acogiere la solicitud, dispondrá la retención y entrega de las correspondientes remuneraciones a sus beneficiarios en la misma resolución en que se pronuncie sobre la medida de protección aplicable en virtud del aludido artículo; fijará el plazo por el cual se extenderá la retención y entrega de remuneraciones, que podrá extenderse hasta por un año, y ordenará que, una vez ejecutoriado el fallo, copia de él y de sus antecedentes se envíen al respectivo juez de letras de menores.

Lo previsto en este artículo se aplicará sin perjuicio de lo que resuelva el juez de letras de menores competente al conocer la solicitud a que se refiere el artículo 26, N° 3), de la ley N° 16.618.

Artículo 33.- En todos los Servicios de Salud del país habrá un programa de prevención, tratamiento y rehabilitación para personas que presentan un consumo perjudicial de alcohol y dependencia del mismo, los que incluirán atención ambulatoria en todos los establecimientos de salud de nivel primario, sean dependientes de los municipios o de los Servicios de Salud y atención especializada ambulatoria o en régimen de internación.

Ley 21363
Art. 1 N° 6 a)
D.O. 06.08.2021

En estos programas podrán participar complementaria y coordinadamente, Municipalidades, iglesias, instituciones públicas y personas jurídicas de derecho privado, las que también podrán ejecutarlos, todo ello, bajo las normas, fiscalización y certificación del Ministerio de Salud y las Secretarías Regionales Ministeriales de Salud. Estas últimas deberán diferenciar y coordinar con otros sectores e instituciones de la sociedad civil, medidas de protección de la salud pública en relación al consumo nocivo de alcohol.

Ley 21363
Art. 1 N° 6 b)
D.O. 06.08.2021

En los programas de tratamiento y rehabilitación para bebedores problemas y alcohólicos, deberán establecerse actividades especiales para los menores de dieciocho años.

El reglamento, expedido por intermedio del Ministerio de Salud, determinará las acciones de reeducación preventiva, tratamiento médico o rehabilitación psicosocial, que serán aplicables en cada caso, así como los procedimientos, plazos y entidades responsables de llevarlas a cabo y su adecuada y oportuna comunicación al juez que ordenó la medida.

Artículo 34.-. Deberán asistir a dichos programas las personas a que se refiere el artículo 26 y los reincidentes en la conducción de vehículos bajo los efectos del alcohol o en estado de ebriedad.

Lo anterior, salvo que el juez, en su sentencia, resuelva imponerles la medida de seguir otro tratamiento médico, sicológico o de otra naturaleza, destinado a la rehabilitación.

En todo caso, se aplicará lo dispuesto en los incisos tercero, cuarto y quinto del referido artículo 26.

Artículo 35.- En las mismas condiciones, el juez de policía local también podrá ordenar la asistencia a esos programas de tratamiento y rehabilitación del cónyuge o del padre o la madre de familia que habitualmente se encontrare bajo la influencia del alcohol, de modo que no le sea posible administrar correctamente sus negocios o sustentar a su cónyuge e hijos.

Esta medida se dispondrá a petición de cualquiera de los miembros mayores de su familia, oyendo personalmente al interesado y a sus parientes.

Artículo 36.- El juez podrá ordenar la medida de internación no voluntaria, en una unidad de hospitalización del Servicio de Salud correspondiente o en otro establecimiento hospitalario o comunidad terapéutica que proporcione tratamiento para bebedores problemas y alcohólicos, respecto de las personas aludidas en los artículos 34 y 35, en los términos descritos en esas disposiciones y en los incisos tercero, cuarto y quinto del artículo 26.

Artículo 37.- Antes de terminar el período de atención establecido, el Director del Servicio de Salud o su delegado enviará al juez y a la familia del paciente un informe sobre el resultado del tratamiento o internación. En ese informe podrá proponer el término anticipado de la medida o su prórroga, por razones fundadas. En este último caso, el juez podrá extenderla hasta completar ciento ochenta días.

Artículo 38.- A petición de cualquiera de los miembros de la familia del paciente, podrá nombrársele un curador por el tiempo que dure la hospitalización. Los demás tendrán por curador al director del hospital.

Artículo 39.- En todos los establecimientos educacionales, sean de enseñanza parvularia, básica o media, el currículo de enseñanza del establecimiento deberá incorporar la formación de hábitos de vida saludable y el desarrollo de factores protectores contra el abuso del alcohol.

Se incluirán temas relativos a cultura gastronómica y a actividades sociales que consideren un consumo adecuado de bebidas alcohólicas, a fin de prevenir positivamente el alcoholismo.

Ley 21363
Art. 1 N° 7 a)
D.O. 06.08.2021

Con el objeto de contribuir a la finalidad prevista en el inciso precedente, el Ministerio de Educación proporcionará material didáctico a los establecimientos educacionales de menores recursos y capacitará docentes en la prevención del alcoholismo.

Se prohíbe la venta, suministro o consumo de toda clase de bebidas alcohólicas en los establecimientos educacionales.

No obstante lo dispuesto en el inciso anterior, la dirección del respectivo establecimiento, sólo a solicitud del centro general de padres y apoderados o con la aprobación de éste, podrá autorizar que se proporcionen y consuman bebidas alcohólicas durante Fiestas Patrias o actividades de beneficencia que se realicen hasta por tres veces en cada año calendario. Se deberá contar, asimismo, con la autorización de Carabineros de Chile y de la respectiva municipalidad, las que no se concederán durante el año escolar a establecimientos que cuenten con internado. La dirección del establecimiento velará por el correcto uso de la autorización concedida y porque la realización de la actividad no afecte, de manera alguna, el normal desarrollo de las actividades educacionales. Este permiso será válido sólo para aquellas localidades que no cuenten con un lugar para dicho evento.

Ley 21363
Art. 1 N° 7 b)
D.O. 06.08.2021

La contravención a lo dispuesto en los incisos tercero y cuarto precedentes será castigada con las sanciones previstas en el artículo 43.

Una comisión interministerial, compuesta por representantes de los Ministerios de Educación, de Salud y de Trabajo y Previsión Social, estará encargada de implementar y fomentar programas de prevención del abuso de bebidas alcohólicas para ser impartidos en establecimientos educacionales, empresas, servicios públicos y municipalidades, y de arbitrar las medidas y efectuar los estudios necesarios para evaluar sus resultados.

Artículo 40.- Todo establecimiento en que se expendan bebidas alcohólicas deberá exhibir, en lugar destacado y claramente visible al público, un cartel en el cual se indiquen de manera didáctica las prohibiciones a que se refieren los artículos 2°, 25, 26, 29, 41 y 42 de esta ley y el artículo 115 A de la Ley de Tránsito, en ambos casos junto con las medidas y sanciones que les son aplicables.

La infracción a lo dispuesto en el inciso precedente se sancionará con multa de una a tres unidades tributarias mensuales.

En igual sanción incurrirá toda persona que deliberadamente arranque o destruya dichos ejemplares.

El texto y formato del cartel serán determinados por el Ministerio de Justicia. Los carteles serán vendidos por las respectivas Municipalidades al precio que se señale en el reglamento y las sumas que por este concepto se recauden, constituirán rentas municipales.

TÍTULO II BIS
DE LA INFORMACIÓN AL CONSUMIDOR Y DE LA PUBLICIDAD

Ley 21363

Art. 1 N° 8
D.O. 06.08.2021

Artículo 40 bis.- Toda bebida de graduación alcohólica igual o mayor a 0.5 grados que esté destinada a su comercialización en Chile deberá llevar en el envase que la contenga una advertencia clara, precisa y visible sobre las consecuencias de su consumo nocivo. Igual advertencia deberán contener las cajas o embalajes de carácter promocional destinadas al consumidor, que las contengan. Para efectos de este título, se entenderá por bebida alcohólica aquellas con graduación alcohólica igual o mayor a 0.5 grados.

Ley 21363
Art. 1 N° 8
D.O. 06.08.2021

La advertencia referida deberá incluir una leyenda con frases que traten sobre los riesgos y consecuencias del consumo nocivo de alcohol, especialmente para poblaciones de riesgo, tales como embarazadas, menores de edad y conductores.

Adicionalmente, en los envases se deberá adherir o contener impreso una advertencia gráfica que muestre un auto, una mujer embarazada o un número 18 rodeados cada uno por una circunferencia, o lo que señale el reglamento. Las dos primeras advertencias deberán tener una línea que atraviese la circunferencia desde la esquina superior a la inferior, con la finalidad de señalar simbólicamente que no se debe consumir alcohol en el caso de conducir vehículos motorizados o cuando una mujer está embarazada.

Las advertencias deberán ser fácilmente legibles en condiciones normales y su tamaño será determinado por el reglamento.

Sin perjuicio de lo anterior, ellas no podrán abarcar, en conjunto, menos del 15 por ciento del tamaño de la etiqueta posterior del respectivo envase, caja o embalaje.

Las advertencias deberán estar siempre a la vista, en todos los puntos de venta de bebidas alcohólicas, según la forma que determine el reglamento.

El responsable de la adhesión de estas etiquetas, las que no podrán ser removibles fácilmente, será el productor o fabricante en el caso de los productos de origen nacional y el importador cuando las bebidas alcohólicas sean importadas, debiendo cumplirse previo a su comercialización.

Se incluirán también dichas advertencias en toda acción gráfica o publicitaria que sea difundida a través de medios de comunicación escrita, o carteles o avisos publicitarios de todo tipo, sean ellos físicos o virtuales. Dicha advertencia deberá insertarse dentro del recuadro que abarque al menos el 15 por ciento de la superficie de la acción gráfica. En todo caso, estará prohibida toda acción gráfica de estimulación al consumo de alcohol en bienes de uso público, salvo aquellos letreros o señaléticas que se encuentren en caminos o carreteras, que permitan arribar a viñas, bodegas o lugares de producción de bebidas alcohólicas.

Los fabricantes, productores, distribuidores e importadores de bebidas alcohólicas deberán informar en los envases o etiquetas de éstas, la cantidad de energía presente en ellas. Dicha obligación no obsta al cumplimiento de la normativa específica en materia de producción, elaboración, rotulación y comercialización de bebidas alcohólicas.

En la publicidad audiovisual se proyectará, mientras se exhiba el comercial y por un lapso no inferior a tres segundos, una leyenda que cumpla con lo establecido para el etiquetado.

En el caso de los avisos radiales, se reproducirá a continuación del aviso, y por un lapso no inferior a tres segundos, cualquiera de las advertencias indicadas en el inciso segundo.

Las características de las advertencias a que se refieren los incisos precedentes, entre ellas su contenido, superficie, forma, tamaño mínimo de la letra, así como también otras especificaciones, estarán establecidas en un reglamento expedido por el Ministerio del Interior y Seguridad Pública y suscrito, además, por los ministros de Economía, Fomento y Turismo, de Salud y de Agricultura.

NOTA

El inciso primero del artículo segundo transitorio de la ley 21363, publicada el 06.08.2021, dispone que el presente artículo entrará en vigencia un año después de la publicación del reglamento señalado en su inciso final, esto es, el 08.07.2024, en razón de la publicación del Decreto 98, Interior, el 07.07.2023. Sin perjuicio de lo anterior, el inciso final de la citada disposición transitoria, contempla que el inciso noveno del presente artículo entrará en vigor transcurridos veinticuatro meses después la publicación de la referida ley, vale decir, el 07.08.2023, razón por la cual se deja disponible su texto a partir de esta última fecha, con la prevención de la regla de vigencia general que se indica.
La **Ley 21363, Art. 1 N° 8, D.O. 06.08.2021** agregó un **Artículo 40 TER** en esta ubicación, que entrará en vigencia el **08-JUL-2026**

Artículo 40 quáter.- Las disposiciones de este título serán fiscalizadas, además de aquellas establecidas en el artículo 2°, por la correspondiente autoridad sanitaria.

Ley 21363
Art. 1 N° 8
D.O. 06.08.2021

TÍTULO III
DE LAS SANCIONES Y PROCEDIMIENTOS

Artículo 41.- Quienes, en la atención de los establecimientos que expendan bebidas alcohólicas para ser consumidas en el interior del local, las vendan, obsequien o suministren a funcionarios fiscalizadores, a sabiendas de que están en servicio, serán sancionados con una multa de tres a diez unidades tributarias mensuales.

Dicha cantidad podrá imponerse doblada a los administradores o dueños de los establecimientos referidos, en caso de que el suministro, en las condiciones mencionadas en el inciso precedente, hayan sido inducidos por éstos.

En las mismas sanciones incurrirá el que suministre bebidas alcohólicas, o induzca a suministrarlas, a personas en manifiesto estado de embriaguez.

Artículo 42.- El que vendiere, obsequiare, ofreciere o proporcionare cualquier compensación, directa o indirecta, o suministrare bebidas alcohólicas, a cualquier título, a un menor de dieciocho años, en alguno de los establecimientos señalados en el artículo 3°, será sancionado con prisión en su grado medio y multa de tres a diez unidades tributarias mensuales.

Ley 21363
Art. 1 N° 9 a)
D.O. 06.08.2021

Con el propósito de dar cumplimiento a lo establecido en el inciso anterior, quienes atiendan en esos establecimientos estarán obligados a exigir la cédula de identidad u otro documento de identificación expedido por la autoridad pública, a todas las personas que deseen adquirir bebidas alcohólicas. Asimismo, mientras se encuentren cumpliendo con sus funciones fiscalizadoras, los inspectores municipales estarán facultados para solicitar alguna identificación que acredite la edad de los compradores.

Ley 21363
Art. 1 N° 9 b)
D.O. 06.08.2021

Si fuere el administrador o dueño del establecimiento quien ejecutare la conducta descrita en el inciso primero, la pena será prisión en su grado máximo, multa de cincuenta a cien unidades tributarias mensuales y clausura temporal del establecimiento, por un período no superior a tres meses. Iguales penas se le aplicarán si indujere a menores de edad al consumo de bebidas alcohólicas, sea directamente o por medio de publicidad.

Ley 21363
Art. 1 N° 9 c)
D.O. 06.08.2021

La pena se elevará en un grado, o se aplicará en su mitad superior, según corresponda, si, además, la conducta se hubiere ejecutado con vulneración de la prohibición establecida en el artículo 29.

La segunda vez que se cometa alguno de los hechos delictivos señalados en este artículo, se aplicará la pena privativa de libertad que corresponda de acuerdo a los incisos precedentes, elevada en un grado; el doble de la multa, calculada de la misma forma, y la clausura temporal del establecimiento hasta por tres meses, si no se hubiere aplicado en la primera ocasión, o la clausura definitiva, si se hubiere aplicado la clausura temporal. Podrá imponerse, además, la cancelación de la patente de alcoholes respectiva.

Artículo 43.- Prohíbese la existencia de bebidas alcohólicas en cualquier local o negocio no autorizado para expenderlas, siempre que las circunstancias demuestren que dicha existencia tiene por objeto el expendio clandestino de ellas. La circunstancia de sorprender vasos, medidas u otros utensilios comúnmente destinados al expendio, como asimismo, la constatación de que las bebidas se encuentren ocultas, será apreciada por el juez como un antecedente calificado para formar su convicción sobre la responsabilidad de el o de los imputados.

La contravención a lo dispuesto precedentemente será sancionada con multa de cinco a veinte unidades tributarias mensuales y con el comiso de las bebidas y utensilios.

La segunda vez que se incurra en esta conducta la sanción será una multa de igual monto, comiso de las bebidas y utensilios y clausura del establecimiento cuando corresponda. La tercera transgresión se castigará, además, con prisión inconmutable de veintiuno a sesenta días.

La incautación de las bebidas y utensilios se efectuará por Carabineros en el momento de sorprenderse la infracción, debiendo remitirlos a la Dirección General del Crédito Prendario o a la municipalidad respectiva, según corresponda.

Artículo 44.- Las personas naturales que expendan bebidas alcohólicas, aun ocasionalmente y los representantes de las personas jurídicas, en cuyos negocios se haga igual clase de expendio, sin haber pagado la respectiva patente de alcoholes, serán castigados con las sanciones indicadas en el artículo anterior.

No será necesario probar el hecho del pago para demostrar el expendio de las bebidas, siendo suficiente para acreditarlo cualquier otra circunstancia que indique que ha habido una venta clandestina.

La circunstancia de permitir el consumo de bebidas alcohólicas en los negocios no autorizados para venderlas, debidamente acreditada, será apreciada por el juez como un antecedente calificado para formar su convicción sobre la responsabilidad y comisión de esta contravención.

La venta de bebidas alcohólicas a cualquier establecimiento no autorizado para venderlas será sancionada con multa de quince a veinte unidades tributarias mensuales. Con la misma pena se sancionará a los distribuidores, si conocieren o no pudieren menos que conocer el destino de la mercadería. El vehículo y cualquier otro medio utilizado para cometer esta infracción será retenido por Carabineros y devuelto una vez que se deposite en la unidad policial respectiva el valor equivalente al mínimo de la multa y sus recargos.

Con el objeto de facilitar la fiscalización de la presente ley, los fabricantes de bebidas analcohólicas o de fantasía deberán expender sus productos en envases transparentes, que cumplan con las características que señale el reglamento. Igual obligación regirá para los fabricantes de cervezas en cualquiera de sus tipos. El incumplimiento de esta norma será sancionado con una multa de diez a veinte unidades tributarias mensuales.

Artículo 45.- No obstante lo dispuesto en los dos artículos precedentes, en los casos en que no hubiere podido llevarse a efecto la clausura por ser el establecimiento denunciado la casa habitación del condenado, o cuando la clausura causare grave daño a la familia del infractor por esta misma circunstancia, el juez que ha impuesto la sanción, de oficio o a petición de cualquier interesado, podrá sustituirla, solamente en la parte referente a la clausura, por prisión inconmutable de uno a sesenta días. La resolución que así lo ordene deberá indicar los fundamentos en que se apoya.

Artículo 46.- El alcalde que otorgare patentes en contravención a las disposiciones de la presente ley será sancionado con una multa, a beneficio municipal, de diez a veinte unidades tributarias mensuales. Igual sanción se aplicará a los funcionarios municipales que emitan informes maliciosamente falsos, y que sirvan de base para el otorgamiento de patentes, o que no las eliminen en los casos previstos por la ley.

Artículo 47.- Las contravenciones a los artículos 12, 13 y 15 de esta ley serán sancionadas con multa de una a dos unidades tributarias mensuales.

Las contravenciones a los artículos 10, 11, 17, 18 y 24 se castigarán con multa de tres a diez unidades tributarias mensuales.

La contravención al artículo 21 será sancionada con multa de cuatro a doce unidades tributarias mensuales. Los que vuelvan a incurrir en dichas contravenciones serán sancionados con el doble de la multa aplicada a la primera infracción. La tercera transgresión se sancionará con la clausura temporal del establecimiento por un período no superior a tres meses. La cuarta transgresión se sancionará con la clausura definitiva, pudiendo imponerse además la cancelación de la patente de alcoholes respectiva.

Para aplicar lo dispuesto en el inciso precedente, así como determinar la segunda, tercera o cuarta transgresión a los artículos 2°, 29 y 43, se considerarán las infracciones cometidas en los últimos doce meses anteriores a la que dio lugar al procedimiento, aun cuando respecto de ellas el juez de policía local haya hecho uso de las facultades que le confieren los artículos 19 y 20 de la ley N° 18.287.

Toda contravención al Título I de la presente ley, que no tenga señalada una sanción especial, se castigará con una multa de 2 a 10 UTM, cuya causa deberá ser señalada en la resolución correspondiente.

Ley 20033
Art. 9 N° 2
D.O. 01.07.2005

Artículo 47 bis.- La infracción de lo dispuesto en el artículo 40 bis se sancionará con multa de cinco a doscientas unidades tributarias mensuales y con el comiso de las bebidas.

Ley 21363
Art. 1 N° 10
D.O. 06.08.2021

Artículo 47 ter.- La infracción de lo dispuesto en el artículo 40 ter será sancionado con multa de veinte a doscientas unidades tributarias anuales.

Ley 21363
Art. 1 N° 10
D.O. 06.08.2021

Artículo 47 quáter.- Las sanciones que se señalan en los dos artículos anteriores podrán imponerse dobladas en caso de reincidencia.

La reincidencia se determinará según lo dispuesto en el inciso cuarto del artículo 47.

Ley 21363
Art. 1 N° 10
D.O. 06.08.2021

Artículo 48.- Los establecimientos clausurados definitivamente sólo podrán reabrirse para el expendio de bebidas alcohólicas por distinto dueño y con otra patente.

Igual regla se aplicará a los negocios clausurados temporalmente, para reabrirlos antes de terminarse el plazo señalado a la clausura.

El propietario del inmueble podrá solicitar el alzamiento de la clausura, cuando acredite que lo destinará a otros usos.

En todo caso, para el alzamiento se requerirá orden judicial.

La violación de la clausura temporal será castigada con la clausura definitiva del establecimiento, y la violación de ésta con prisión en su grado medio a máximo inconmutable. En ambos casos caerán en comiso las bebidas.

Artículo 49.- No obstante lo dispuesto en los artículos anteriores, el juez, en cualquier caso conociendo de un proceso, a petición escrita y fundada del alcalde o del concejo municipal, podrá clausurar definitivamente un negocio cuando éste constituya un peligro para la tranquilidad o moral públicas, sin que sea menester que se cumpla con el número de transgresiones necesarias para producir la clausura.

La solicitud se tramitará en cuaderno separado. La resolución del juez será fundada y apelable en el solo efecto devolutivo.

Artículo 50.- Sin perjuicio de las clausuras impuestas por la autoridad judicial, los Intendentes y Gobernadores podrán clausurar los establecimientos de expendio de bebidas alcohólicas, donde se hubieren cometido hechos delictuosos graves, o que constituyan un peligro, para la tranquilidad o moral públicas.

El afectado podrá, dentro de diez días, reclamar de la clausura ante el juez de policía local correspondiente, quien citará a comparendo de contestación y prueba para dentro de quinto día.

El juez deberá resolver en única instancia, manteniendo la clausura u ordenando alzarla, en fallo que deberá ser fundado.

Artículo 51.- De las sanciones que se apliquen por infracción a las disposiciones de esta ley, serán solidariamente responsables los dueños, empresarios o regentes de los establecimientos de expendio de bebidas alcohólicas.

Artículo 52.- La conservación de las bebidas alcohólicas y bienes incautados de conformidad a la presente ley, estará a cargo de la Dirección General del Crédito Prendario. Sin embargo, en aquellas localidades que no cuenten con oficinas de esa Dirección, dicha conservación corresponderá a la municipalidad respectiva. Para tal efecto, uno o más municipios, deberán mantener un local cerrado y aislado.

Las especies incautadas serán remitidas directamente por la unidad policial respectiva a la Dirección o a la municipalidad pertinente, según corresponda, y serán vendidas al martillo, por la Dirección o el juzgado de policía local correspondiente.

El juez podrá autorizar el remate de las especies no decomisadas, que no sean reclamadas por sus dueños o legítimos tenedores dentro del plazo de sesenta días, contado desde la fecha de la incautación.

Sólo podrán concurrir como postores, a los remates que deban realizarse, los comerciantes de alcoholes que tengan su patente al día.

El producto de la venta, una vez deducidos los gastos y comisiones del remate, será depositado en arcas fiscales, si el remate hubiere sido realizado por orden de la Dirección General del Crédito Prendario. De todo lo obrado por la Dirección deberá informarse al juzgado pertinente.

Tratándose de remates realizados por el juez de policía local, así como de las especies a que se refiere el inciso tercero, el producto de la venta quedará a favor de las arcas de la respectiva municipalidad. En el evento que la sentencia no condene a la pena de comiso, este valor será restituido a quien corresponda.

Artículo 53.- Con excepción de las conductas delictivas descritas y sancionadas en los artículos 42 y 46, las infracciones a la presente ley se reputan contravenciones para todos los efectos legales y, en ese carácter, quedan sujetas a la competencia y al procedimiento aplicables a los juzgados de policía local.

Artículo 54.- Para el juzgamiento de las faltas y simples delitos previstos en esta ley se aplicarán los procedimientos establecidos en el Código Procesal Penal, con las reglas especiales contempladas en el artículo 196 F de la Ley de Tránsito.

Artículo 55.- Los créditos resultantes de las responsabilidades pecuniarias procedentes de las infracciones de esta ley gozarán del privilegio que para los impuestos fiscales otorgan las reglas de prelación de créditos del Código Civil sobre los establecimientos y sus anexos y sobre las mercaderías existentes.

En caso de transferencia, a cualquier título, de un establecimiento de expendio de bebidas alcohólicas, el nuevo propietario será solidariamente responsable con el vendedor de las obligaciones pecuniarias provenientes de las infracciones, en la forma establecida en el inciso anterior.

Artículo 56.- Para los efectos de determinar el equivalente en pesos de las multas que establece esta ley, se estará al valor de la unidad tributaria mensual o anual, según corresponda, a la fecha de su pago efectivo.

Ley 21363
Art. 1 N° 11
D.O. 06.08.2021

El juez, cumpliéndose los requisitos previstos en el artículo 20 bis de la ley Nº 18.287, podrá conmutar la multa impuesta por la realización de trabajos en beneficio de la comunidad, sin perjuicio de lo dispuesto en el artículo 23 de dicho cuerpo legal.

Artículo 57.- Del total de las sumas que ingresen por concepto de multas aplicadas por infracción de las disposiciones de esta ley, el 40 por ciento se destinará a los Servicios de Salud para el financiamiento y desarrollo de los programas de prevención, tratamiento y rehabilitación de personas que presenten un consumo perjudicial de alcohol y dependencia del mismo, y a las Secretarías Regionales Ministeriales de Salud para medidas de protección de la salud pública en aspectos relativos al consumo nocivo de alcohol, y el 60 por ciento, a las municipalidades, para la fiscalización de dichas infracciones y para el desarrollo de los programas de prevención del consumo perjudicial de alcohol y rehabilitación social de personas alcohólicas.

El reglamento a que hace mención el artículo 33 regulará la forma de administración de los montos correspondientes a salud.

Ley 21363
Art. 1 Nº 12
D.O. 06.08.2021

Artículo 58.- Derógase el Libro II de la ley Nº 17.105, de Alcoholes, Bebidas Alcohólicas y Vinagres. Las disposiciones legales que hagan referencia al Libro II de la ley Nº 17.105 se entenderán hechas a esta ley, en las materias a que dichas disposiciones se refieren.

Artículo primero transitorio.- La nueva proporción del número de establecimientos afectos a patentes limitadas que se señala en el inciso primero del artículo 7º no afectará a los que se encuentren en funcionamiento y cumplieren todos los requisitos preexistentes, pudiendo por tanto sus respectivas patentes transferirse y renovarse, de conformidad a la ley.

Ley 20714
Art. ÚNICO
D.O. 24.01.2014

Ley 20033
Art. 9 Nº 3 a)
D.O. 01.07.2005

Asimismo, aquellos establecimientos que expendan bebidas alcohólicas a que se refiere el artículo 8º, que quedaren comprendidos dentro de una zona del territorio comunal en la que tales establecimientos no podrán instalarse en lo sucesivo por la entrada en vigencia de un plano regulador, modificación del plano regulador u ordenanza municipal que así lo establezca, de conformidad a lo previsto en dicho artículo, tampoco se verán afectados por esa nueva disposición, siempre que a esa fecha cumplieren todos los requisitos exigidos para su funcionamiento.

Sin perjuicio de lo señalado en los incisos precedentes, si el número de patentes limitadas que se hubiere otorgado excediere la nueva proporción, tales patentes, en caso de término de giro, clausura definitiva del establecimiento, falta de pago de la patente o incompatibilidad con el plano regulador, no podrán transferirse ni renovarse, y serán canceladas, hasta que se alcance el número de ellas que correspondiere. De igual forma se procederá con las patentes de los establecimientos que quedaren comprendidos dentro de las zonas del territorio comunal en que, de acuerdo al artículo 8º, no podrán instalarse o no podrá concederse patentes en lo sucesivo, y que cumplieren todos los requisitos exigidos para su funcionamiento, hasta la completa extinción de las patentes otorgadas con anterioridad.

Ley 20033
Art. 9 Nº 3 b)
D.O. 01.07.2005

Las patentes de expendio de bebidas alcohólicas actualmente en vigor quedarán comprendidas, de pleno derecho, en las categorías equivalentes que correspondieren de acuerdo a la nueva clasificación que se establece en el artículo 3º.

En el caso de servicios al auto a que se refiere la letra G) y salones de té y cafeterías de la letra Ñ), no se podrá otorgar nuevas patentes. No obstante lo anterior, las patentes ya existentes continuarán vigentes y su uso se regirá por las disposiciones del presente cuerpo legal.

Ley 20033
Art. 9 Nº 3 c)
D.O. 01.07.2005

NOTA

El artículo 5º de la Ley 20033, publicada el 01.07.2005, dispuso que el inciso que agrega la letra "c" del artículo 9 de la citada ley, comenzará a regir 60 días después de su publicación.

Artículo segundo transitorio.- Exceptúanse de lo dispuesto en el artículo 14 las patentes existentes a la fecha de publicación de esta ley, clasificadas en las letras A y H del artículo 3º, de las regiones de Aysén del General Carlos Ibáñez del Campo y de Magallanes y de la Antártica Chilena.

Ley 20714
Art. ÚNICO
D.O. 24.01.2014

Esta excepción corresponderá para las patentes que no hayan sido canceladas por las causales que determina la ley, incluyendo la clausura del local.

Artículo segundo.- Agrégase, al final del inciso primero del artículo 34, de la ley Nº 18.455, la siguiente oración: "En ningún caso los productos podrán ser envasados para su comercialización en sobres o bolsas susceptibles de ser ocultados con facilidad por el portador.".

Artículo tercero.- Introdúcense las siguientes modificaciones en la ley Nº 18.290, de Tránsito:

1) Reemplázase el Nº 1 del inciso primero del artículo 15 por el siguiente:

"1.- Por delitos, cuasidelitos, faltas, infracciones o contravenciones a la presente ley, a la Ley sobre Expendio y Consumo de Bebidas Alcohólicas y a la ley Nº 19.366, sobre Tráfico Ilícito de Estupefacientes y Sustancias Sicotrópicas;".

2) Reemplázase el artículo 115 por el siguiente:

"Artículo 115.- Ninguna persona podrá conducir un vehículo cuando se encuentre en condiciones físicas o síquicas deficientes.".

3) Intercálase, a continuación del artículo 115, el siguiente artículo nuevo:

"Artículo 115 A.- Se prohíbe, al conductor y a los pasajeros, el consumo de bebidas alcohólicas en el interior de vehículos motorizados".

Se prohíbe, asimismo, la conducción de cualquier vehículo o medio de transporte, la operación de cualquier tipo de maquinaria o el desempeño de las funciones de guardafrenos, cambiadores o controladores de tránsito, ejecutados en estado de ebriedad, bajo la influencia de sustancias estupefacientes o sicotrópicas, o bajo la influencia del alcohol.

Para la determinación del estado de ebriedad del imputado o del hecho de encontrarse bajo la influencia del alcohol, el tribunal podrá considerar todos los medios de prueba, evaluando especialmente el estado general del imputado en relación con el control de sus sentidos, como también el nivel de alcohol presente en el flujo sanguíneo, que conste en el informe de alcoholemia o en el resultado de la prueba respiratoria que hubiera sido practicada por Carabineros.

Sin perjuicio de lo anterior, se entenderá que hay desempeño en estado de ebriedad cuando el informe o prueba arroje una dosificación igual o superior a 1,0 gramos por mil de alcohol en la sangre o en el organismo.

Se entenderá que hay desempeño bajo la influencia del alcohol cuando el informe o prueba arroje una dosificación superior a 0,5 e inferior a 1,0 gramos por mil de alcohol en la sangre. Si la dosificación fuere menor, se estará a lo establecido en el artículo precedente y en el Nº 1 del artículo 198, si correspondiere.".

4) Suprímese, en el inciso segundo del artículo 189, la oración: "Si el conductor condujere el vehículo durante el tiempo de la prohibición se considerará que incurre en infracción a la Ley sobre Expendio y Consumo de Bebidas Alcohólicas o al número 1 del artículo 197, según sea el caso y el resultado del examen.".

5) Agréganse, al artículo 189, los siguientes incisos tercero, cuarto, quinto y sexto, nuevos:

"Si la persona se encuentra bajo la influencia del alcohol, se procederá a cursar la denuncia correspondiente por la falta sancionada en el artículo 196 G.

Si del resultado de la prueba se desprende que se ha incurrido en la conducción en estado de ebriedad o bajo la influencia de sustancias estupefacientes o sicotrópicas castigadas en el inciso primero del artículo 196 E, el conductor será citado a comparecer ante la autoridad correspondiente. En los demás casos previstos en el mismo artículo también podrá citarse al imputado si no fuera posible conducirlo inmediatamente ante el juez, y el oficial a cargo del recinto policial considerara que existen suficientes garantías de su oportuna comparecencia.

Lo establecido en el inciso anterior procederá siempre que el imputado tuviere el control sobre sus actos, o lo recuperare, y se asegure que no continuará conduciendo. Para ello, la policía adoptará las medidas necesarias para informar a la familia del imputado o a las personas que él indique acerca del lugar en el que se encuentra, o bien le otorgará las facilidades para que se comunique telefónicamente con alguna de ellas, a fin de que sea conducido a su domicilio, bajo su responsabilidad. Podrá emplearse en estos casos el procedimiento señalado en el inciso final del artículo 7º, en lo que resultare aplicable.

Si no concurrieren las circunstancias establecidas en los dos incisos precedentes, se mantendrá detenido al imputado para ponerlo a disposición del tribunal, el que podrá decretar la prisión preventiva cuando procediere de acuerdo con las reglas generales. Sin perjuicio de la citación al imputado, o de su detención cuando corresponda, aquél será conducido a un establecimiento hospitalario para la práctica de los exámenes a que se refiere el artículo siguiente.".

6) Sustitúyese el artículo 190 por el siguiente:

"Artículo 190.- Cuando fuere necesario someter a una persona a un examen científico para determinar la dosificación de alcohol en la sangre o en el organismo, los exámenes podrán practicarse en cualquier establecimiento de salud habilitado por el Servicio Médico Legal, de conformidad a las instrucciones generales que imparta dicho Servicio. El responsable del establecimiento arbitrará todas las medidas necesarias para que dichos exámenes se efectúen en forma expedita y para que los funcionarios de Carabineros empleen el menor tiempo posible en la custodia de los imputados que requieran la práctica de los mismos.

Sin perjuicio de lo dispuesto en el artículo anterior, el conductor y el peatón que hayan tenido participación en un accidente de tránsito del que resulten lesiones o muerte serán sometidos a una prueba respiratoria o de otra naturaleza destinada a establecer la presencia de alcohol o de sustancias estupefacientes o sicotrópicas en sus cuerpos. En esos casos, los funcionarios de Carabineros deberán practicar al conductor y peatón las pruebas respectivas y, de carecer en el lugar de los elementos técnicos necesarios para ello, o de proceder la práctica de la alcoholemia, los llevarán de inmediato al establecimiento de salud más próximo. Se aplicarán al efecto las reglas del inciso precedente.

La negativa injustificada a someterse a las pruebas o exámenes a que se refieren este artículo y el artículo 189, o la circunstancia de huir del lugar donde se hubiere ejecutado la conducta delictiva, en su caso, serán apreciadas por el juez como un antecedente calificado, al que podrá dar valor suficiente para establecer el estado de ebriedad o de influencia de sustancias estupefacientes o sicotrópicas en que se encontraba el imputado.".

7) Reemplázase el inciso primero del artículo 196 B, por el siguiente:

"En los accidentes del tránsito de resultas del cual la víctima falleciere o quedare demente, inútil para el trabajo, impotente o estéril, impedido de algún miembro importante o notablemente deforme, cuya causa determinante sea la falta prevista en el artículo 196 G o alguna de las infracciones establecidas en los números 2, 3 y 4 del artículo 197 o números 3, 4, 11, 13 y 17 del artículo 198, la pena aplicable será reclusión menor en su grado máximo y, tratándose de otras lesiones, la pena asignada será aquella señalada en el artículo 490 Nº 2 del Código Penal aumentada en un grado.".

8) Intercálanse los siguientes artículos 196 E, 196 F y 196 G, nuevos, a continuación del artículo 196 D:

"Artículo 196 E.- El que infrinja la prohibición establecida en el inciso segundo del artículo 115 A, cuando la conducción, operación o desempeño fueren ejecutados en estado de ebriedad, o bajo la influencia de sustancias estupefacientes o sicotrópicas, será sancionado con la pena de presidio menor en su grado mínimo y multa de dos a diez unidades tributarias mensuales, ya sea que no se ocasione daño alguno, o que con ello se causen daños materiales o lesiones leves. Se reputarán leves, para estos efectos, todas las lesiones que produzcan al ofendido enfermedad o incapacidad por un tiempo no mayor de siete días.

Si, a consecuencia de esa conducción, operación o desempeño, se causaren lesiones graves o menos graves, se impondrá la pena de presidio menor en su grado medio y multa de cuatro a doce unidades tributarias mensuales.

Si se causaren algunas de las lesiones indicadas en el artículo 397 Nº 1 del Código Penal o la muerte de una o más personas, se impondrán las penas de presidio menor en su grado máximo y multa de ocho a veinte unidades tributarias mensuales.

El tribunal, en todo caso, podrá hacer uso de la facultad que le confiere el inciso final del artículo 196 B.

En los delitos previstos en este artículo se aplicará como pena accesoria la suspensión de la licencia para conducir vehículos motorizados por el término de seis meses a un año; de uno a dos años, si se causaren lesiones menos graves o graves, y de dos a cuatro años, si resultare la muerte. En caso de reincidencia, los plazos máximos señalados en este inciso se elevarán al doble, debiendo el juez decretar la cancelación de la licencia cuando estime que la conducción de vehículos por parte del infractor ofrece peligro para el tránsito o para la seguridad pública; lo que fundará en las anotaciones que registre la hoja de vida del conductor o en razones médicas debidamente comprobadas.

Las medidas indicadas en el inciso precedente no podrán ser suspendidas, ni aun cuando el juez hiciere uso de la facultad contemplada en el artículo 398 del Código Procesal Penal.

Sin embargo, cumplidos a lo menos seis años desde que se canceló la licencia de conducir, el juez podrá alzar esa medida cuando nuevos antecedentes permitan estimar fundadamente que ha desaparecido el peligro para el tránsito o para la seguridad pública que importaba la conducción de vehículos motorizados por el infractor.

Artículo 196 F.- Para el juzgamiento de los delitos previstos en esta ley se aplicarán, según corresponda, los procedimientos establecidos en el Código Procesal Penal, con las siguientes reglas especiales:

Tratándose de procedimientos por faltas, el fiscal podrá solicitar la aplicación del procedimiento monitorio establecido en el artículo 392 del Código Procesal Penal, cualquiera fuere la pena cuya aplicación requiriere. Si el juez de garantía resuelve proceder en conformidad con esta norma, reducirá las penas aplicables en la proporción señalada en la letra c) del mismo artículo.

Para los efectos de la aplicación del artículo 395 del Código Procesal Penal, el juez deberá informar al imputado todas las penas copulativas y accesorias que de acuerdo a la ley pudieren imponérsele, cualquiera sea su naturaleza.

En el caso de los delitos de conducción, operación o desempeño en estado de ebriedad o bajo la influencia de sustancias estupefacientes o sicotrópicas, el juez de garantía podrá decretar, de conformidad a las reglas del Código Procesal Penal, la medida cautelar de retención del carné, permiso o licencia de conducir del imputado, por un plazo que no podrá ser superior a seis meses.

Asimismo, en los procedimientos por estos delitos, el fiscal podrá solicitar al juez de garantía la suspensión del procedimiento, reuniéndose los requisitos establecidos en el artículo 237 del Código Procesal Penal. En tal caso, el juez podrá imponer, además de cualquiera de las condiciones contempladas en el artículo 238 de dicho Código, la suspensión de la licencia para conducir por un plazo no menor de seis meses ni superior a un año.

Tratándose del procedimiento simplificado, la suspensión condicional del procedimiento podrá solicitarse en la audiencia que se llevare a efecto de acuerdo con el artículo 394 del Código Procesal Penal.

DEL DESEMPEÑO BAJO LA INFLUENCIA DEL ALCOHOL

Artículo 196 G.- La infracción de la prohibición establecida en el inciso segundo del artículo 115 A, cuando la conducción, operación o desempeño fueren ejecutados bajo la influencia del alcohol y no se ocasione lesiones ni daño alguno, será sancionada con multa de una a cinco unidades tributarias mensuales y la suspensión por un mes de la licencia para conducir.

Si mediante esa conducción, operación o desempeño se causaren lesiones leves, se impondrá la pena de prisión en su grado mínimo y suspensión de tres a seis meses de la licencia para conducir vehículos.

En caso de reincidencia el infractor sufrirá, además de la pena que le corresponda, la accesoria de cancelación definitiva de la licencia para conducir vehículos.".

9) Suprímese el Nº 1 del artículo 197.

10) Intercálase, en el artículo 199, el siguiente número 14, nuevo:

"14.- Infringir la prohibición de consumo de bebidas alcohólicas establecida en el inciso primero del artículo 115 A;".

11) Reemplázase la letra a) del inciso primero del artículo 208, por la siguiente:

"a) Infracción o contravención gravísima, de 5 a 45 días de suspensión;".

12) Modifícase el inciso primero del artículo 211, en el siguiente sentido:

a) Intercálase, en el número 2, a continuación de "cuasidelitos", la palabra "faltas", seguida de una coma (,), y

b) Reemplázase el número 3, por el siguiente:

"3.- Anotar las condenas por los delitos de conducir en estado de ebriedad o conducir bajo la influencia de estupefacientes o sustancias sicotrópicas;".

Artículo cuarto.- Introdúcense las siguientes modificaciones en la ley Nº 15.231, sobre Organización y Atribuciones de los Juzgados de Policía Local, cuyo texto refundido, coordinado y sistematizado fue fijado por el decreto Nº 307, de 1978, de Justicia:

1) Reemplázase el número 8º de la letra c) del artículo 13, por el siguiente:

"8º A la Ley sobre Expendio y Consumo de Bebidas Alcohólicas, de acuerdo a lo dispuesto en el artículo 53 de ese cuerpo legal.".

2) Reemplázase la letra a) del artículo 52 por la siguiente: "a) Prisión, en los casos que señalen las leyes;".

3) Derógase el artículo 62.

Artículo quinto.- Sustitúyese, en el inciso tercero del artículo 4º del decreto con fuerza de ley Nº 16, de 1986, del Ministerio del Trabajo y Previsión Social, Ley Orgánica de la Dirección General del Crédito Prendario, la oración "El remate se efectuará una vez que lo autorice el Ministerio Público, el juez de garantía o el tribunal de juicio oral en lo penal, según corresponda.", por la siguiente: "El remate se efectuará una vez que lo autorice el tribunal respectivo.".

Artículo sexto.- Agrégase el siguiente artículo 16 bis en la ley Nº 18.287, sobre Procedimiento ante los Juzgados de Policía Local:

"Artículo 16 bis.- Tratándose de la aplicación de la Ley sobre Expendio y Consumo de Bebidas Alcohólicas, el juez podrá, a solicitud fundada de funcionarios fiscalizadores, decretar la entrada y registro a inmuebles sujetos a fiscalización que se encontraren cerrados o en que hubiere indicios de que se están vendiendo, proporcionando o distribuyendo clandestinamente bebidas alcohólicas.

El tribunal se pronunciará de inmediato sobre la solicitud, con el solo mérito de los antecedentes que se le proporcionen, y dispondrá que la diligencia se lleve a efecto siempre con el auxilio de la fuerza pública, la que requerirá en conformidad al artículo 25.

El juez practicará la diligencia personalmente, pudiendo, si sus ocupaciones no se lo permiten, comisionar para hacerlo al secretario del tribunal o a los funcionarios fiscalizadores que nominativamente designe en la resolución respectiva.

La resolución que autorizare la entrada y registro se notificará al dueño o encargado del local en que hubiere de practicarse la diligencia o, en ausencia de ambos, a cualquiera persona mayor de edad que se hallare en el lugar o edificio, quien podrá presenciar la diligencia. Si no se hallare a nadie, se hará constar esta circunstancia en el acta de la diligencia, invitándose a un vecino a presenciarla.

De todo lo obrado deberá dejarse constancia escrita en un acta que firmarán todos los concurrentes, y se dará recibo de las especies incautadas al propietario o encargado del lugar.".

Artículo séptimo.- Agrégase, en la letra ñ) del artículo 65 de la ley Nº 18.695, Orgánica Constitucional de Municipalidades, el siguiente texto, cambiando el punto final (.) por una coma (,):

"dentro de los márgenes establecidos en el artículo 21 de la Ley sobre Expendio y Consumo de Bebidas Alcohólicas. En la ordenanza respectiva se podrán fijar horarios diferenciados de acuerdo a las características y necesidades de las distintas zonas de la correspondiente comuna o agrupación de comunas. Estos acuerdos del concejo deberán ser fundados.".

Artículo octavo.- Declárase que, de conformidad con el artículo 5° de la ley N° 19.814, la derogación del artículo 45, número 2°, letra f), del Código Orgánico de Tribunales, dejó subsistente la competencia de los juzgados de letras para conocer de los delitos contemplados en la ley N° 17.105, de Alcoholes, Bebidas Alcohólicas y Vinagres, en conformidad con lo dispuesto por el artículo 177 de dicha ley, en concordancia con el artículo 45, número 2°, letra d), y 4°, del Código Orgánico de Tribunales, en las regiones en las que no haya entrado en vigencia la reforma procesal penal.

Artículo transitorio.- Esta ley entrará en vigencia desde la fecha de su publicación en el Diario Oficial.

Se exceptúan los artículos 53 de la Ley sobre Expendio y Consumo de Bebidas Alcohólicas, contenido en el artículo primero; 190 de la Ley de Tránsito, contenido en el artículo tercero; 13, letra c), número 8°, del Código Orgánico de Tribunales, contenido en el artículo cuarto, y 16 bis de la ley N° 18.287, sobre Procedimiento ante los Juzgados de Policía Local, contenido en el artículo sexto. Estas normas entrarán en vigencia gradualmente para las Regiones V, VI, VIII, X y Metropolitana de Santiago, de conformidad a lo dispuesto en el artículo 7° transitorio de la ley N° 19.665, aplicándose entretanto las disposiciones legales existentes.

En las regiones V, VI, VIII, X y Metropolitana, en tanto el Ministerio Público no asuma sus funciones de dirigir la investigación y ejercer la acción penal pública, corresponderá la defensa del Estado y del interés social comprometido en los juicios que se originen por la investigación del delito de conducción en estado de ebriedad, al Departamento de Defensa de la Ley de Alcoholes del Consejo de Defensa del Estado.

Los juicios en que se investigue el delito mencionado en el inciso anterior y que se encontraren en tramitación a la fecha de publicación de la presente ley, seguirán su procedimiento conforme a las normas penales y procesales vigentes al momento del acaecimiento de los hechos.

Sin perjuicio de lo dispuesto en el inciso primero, los productos que, a la fecha de publicación de esta ley se encontraren envasados y etiquetados y no cumplan con el requisito que se introduce en el artículo 34 de la ley N° 18.455 mediante el artículo segundo, sólo podrán expenderse hasta seis meses después de tal fecha.

En el caso de servicios al auto a que se refiere la letra G) y salones de té y cafeterías de la letra Ñ), no se podrá otorgar nuevas patentes. No obstante lo anterior, las patentes ya existentes continuarán vigentes y su uso se regirá por las disposiciones del presente cuerpo legal.

Ley 20033
Art. 9° N° 3 c)
D.O. 01.07.2005

NOTA:
El artículo 5° Transitorio de la Ley 20033, publicada el 01.07.2005, dispone que la modificación que introduce a la presente norma, rige a contar de 60 días después de su publicación.

Habiéndose cumplido con lo establecido en el N° 1° del Artículo 82 de la Constitución Política de la República y por cuanto he tenido a bien aprobarlo y sancionarlo; por tanto promúlguese y llévese a efecto como Ley de la República.

Santiago, 19 de diciembre de 2003.- Ricardo LAGOS ESCOBAR, presidente de la República.- José Miguel Insulza Salinas, Ministro del Interior.- Sergio Bitar Chacra, Ministro de Educación.- Luis Bates Hidalgo, Ministro de Justicia.-Pedro García Aspillaga, Ministro de Salud.-Javier Etcheberry Celhay, Ministro de Transportes y Telecomunicaciones.

Lo que transcribo a Ud. para su conocimiento.- Saluda Atte. a Ud., Jorge Correa Sutil, Subsecretario del Interior.

TRIBUNAL CONSTITUCIONAL

Proyecto de ley que modifica la ley de alcoholes, bebidas alcohólicas y vinagres, y deroga el Libro Segundo de la ley Nº 17.105.

El Secretario Subrogante del Tribunal Constitucional, quien suscribe, certifica que la Honorable Cámara de Diputados envió el proyecto de ley enunciado en el rubro, aprobado por el Congreso Nacional, a fin de que este Tribunal ejerciera el control de constitucionalidad respecto de los artículos 4º, 6º, 7º, 8º, 20, 49, 50 y 53 del artículo primero; el Nº 1) del artículo cuarto, y los artículos séptimo, octavo y transitorio, del mismo, y por sentencia de 9 de diciembre de 2003, dictada en los autos Rol Nº 395, declaró:

1. Que los artículos 4º, 6º, 7º, 8º, 20, 49, 50 y 53 del artículo primero; el Nº 1) del artículo cuarto, y los artículos séptimo y octavo del proyecto remitido, son constitucionales.

2. Que los artículos 21, 25, 26, 58 —inciso primero, en cuanto deroga preceptos de naturaleza orgánica constitucional—, y transitorio del artículo primero del proyecto son, igualmente, constitucionales.

3. Que el artículo transitorio del proyecto es constitucional en el entendido de lo expresado en los considerandos Vigesimonoveno y Trigésimo de esta sentencia.

Santiago, diciembre 9 de 2003.- Jaime Silva Mac Iver, Secretario (S).

INFORME PARA RENOVACIÓN DE PATENTE DE ALCOHOLES[1]

Última actualización: 04 abril, 2024

Descripción

Permite solicitar un informe ante la prefectura de Carabineros, previo a la renovación de patente de alcoholes que se realiza en las municipalidades donde se encuentra el club, centro o local.

El informe favorable es exigido para obtener la renovación de patente.

El informe se puede pedir durante todo el año en las comisarías de Carabineros respectivas.

Detalles

Los y las contribuyentes deben presentar (en los meses de junio y diciembre de cada año) todos los documentos requeridos, que acrediten el cumplimiento actual de los requisitos legales habilitantes para que el respectivo Concejo Municipal renueve su patente de alcohol para el siguiente semestre.

¿A quién está dirigido?

Clubes, centros o círculos sociales con personalidad jurídica.

¿Qué necesito para hacer el trámite?

- Solicitud de la entidad, firmada por el presidente y secretario o por el representante legal.
- Certificado de vigencia de la personalidad jurídica, en original, correspondiente al año para el cual se solicita la patente. No se aceptan fotocopias simples o notariales del certificado.

No tiene costo.

¿Qué vigencia tiene?

Semestral.

¿Cómo y dónde hago el trámite?

En oficina:

1. Reúna los antecedentes requeridos.
2. Diríjase a la comisaría de Carabineros correspondiente.
3. Explique el motivo de su visita: solicitar el informe para renovación de patente de alcoholes.
4. Entregue los antecedentes requeridos.
5. Como resultado del trámite, habrá solicitado el informe, el cual podrá presentar ante su municipalidad.

---

1 Información es tomada de https://www.chileatiende.gob.cl/

Importante: contacte a su municipalidad para completar el proceso de renovación de patente de alcoholes.

LEY 20770 | MODIFICA LA LEY DEL TRÁNSITO, EN LO QUE SE REFIERE AL DELITO DE MANEJO EN ESTADO DE EBRIEDAD, CAUSANDO LESIONES GRAVES, GRAVÍSIMAS O, CON RESULTADO DE MUERTE

MINISTERIO DE TRANSPORTES Y TELECOMUNICACIONES;
SUBSECRETARÍA DE TRANSPORTES

Teniendo presente que el H. Congreso Nacional ha dado su aprobación al siguiente

Proyecto de ley:

"**Artículo 1°.-** Introdúcense las siguientes modificaciones en la ley N° 18.290, de Tránsito, cuyo texto refundido, coordinado y sistematizado fue fijado por el decreto con fuerza de ley N° 1, del Ministerio de Transportes y Telecomunicaciones y del Ministerio de Justicia, de 2009:

1) Modifícase el artículo 176 en los siguientes términos:

a) Agrégase, a continuación de la palabra "lesiones", la expresión "o muerte".

b) Reemplázase la palabra "necesaria" por "posible".

2) Suprímese el inciso final del artículo 183.

3) Sustitúyese el artículo 195 por el siguiente:

"Artículo 195.- El incumplimiento de la obligación de dar cuenta a la autoridad de todo accidente en que sólo se produzcan daños, señalada en el artículo 168, será sancionado con multa de tres a siete unidades tributarias mensuales y con la suspensión de la licencia hasta por un mes.

El incumplimiento de la obligación de detener la marcha, prestar la ayuda posible y dar cuenta a la autoridad de todo accidente en que se produzcan lesiones, señalada en el artículo 176, se sancionará con la pena de presidio menor en su grado medio, inhabilidad perpetua para conducir vehículos de tracción mecánica y multa de siete a diez unidades tributarias mensuales.

Si en el caso previsto en el inciso anterior las lesiones producidas fuesen de las señaladas en el número 1° del artículo 397 del Código Penal o se produjese la muerte de alguna persona, el responsable será castigado con la pena de presidio menor en su grado máximo, inhabilidad perpetua para conducir vehículos de tracción mecánica, multa de once a veinte unidades tributarias mensuales y con el comiso del vehículo con que se ha cometido el delito, sin perjuicio de los derechos del tercero propietario, que podrá hacer valer conforme a las reglas generales del Código Procesal Penal. Para los efectos de determinar la pena prevista en este inciso, será aplicable lo dispuesto en los artículos 196 bis y 196 ter de esta ley.

Las penas previstas en este artículo se impondrán al conductor conjuntamente con las que le correspondan por la responsabilidad que le pueda caber en el respectivo delito o cuasidelito, de conformidad con lo dispuesto en el artículo 74 del Código Penal.".

4) Introdúcese el siguiente artículo 195 bis:

"Artículo 195 bis.- La negativa injustificada de un conductor a someterse a las pruebas respiratorias u otros exámenes científicos destinados a establecer la presencia de alcohol o de sustancias estupefacientes o psicotrópicas en el cuerpo, previstos en el artículo 182, será sancionada con multa de tres a diez unidades tributarias mensuales y con la suspensión de su licencia hasta por un mes.

En caso de accidentes que produzcan lesiones de las comprendidas en el número 1° del artículo 397 del Código Penal o la muerte de alguna persona, la negativa injustificada del conductor que hubiese intervenido en ellos a someterse a las pruebas respiratorias evidenciales o a los exámenes científicos señalados en el artículo 183 de esta ley para determinar la dosificación de alcohol en la sangre o la presencia de drogas estupefacientes o sicotrópicas, o la realización de cualquier maniobra que altere sus resultados, o la dilación de su práctica con ese mismo efecto, serán castigadas con la pena de presidio menor en su grado máximo, multa de once a veinte unidades tributarias mensuales, inhabilidad perpetua para conducir vehículos de tracción mecánica y comiso del vehículo con que se ha cometido el delito, sin perjuicio de los derechos del tercero propietario, que podrá hacer valer conforme a las reglas generales del Código Procesal Penal. Para los efectos de determinar la pena prevista en este inciso, será aplicable lo dispuesto en los artículos 196 bis y 196 ter de esta ley.

La pena prevista en el inciso anterior se impondrá al conductor conjuntamente con la que le corresponda por la responsabilidad que le pueda caber en el respectivo delito o cuasidelito, de conformidad con lo dispuesto en el artículo 74 del Código Penal.".

5) Sustitúyese el inciso tercero del artículo 196, por los siguientes incisos tercero y cuarto:

"Si se causare alguna de las lesiones indicadas en el número 1° del artículo 397 del Código Penal o la muerte de alguna persona, se impondrán las penas de presidio menor en su grado máximo, en el primer caso, y de presidio menor en su grado máximo a presidio mayor en su grado mínimo, en el segundo. En ambos casos, se aplicarán también las penas de multa de ocho a veinte unidades tributarias mensuales, de inhabilidad perpetua para conducir vehículos de tracción mecánica y el comiso del vehículo con que se ha cometido el delito, sin perjuicio de los derechos del tercero propietario, que podrá hacer valer conforme a las reglas generales del Código Procesal Penal.

Al autor del delito previsto en el inciso precedente se le impondrá el máximum o el grado máximo de la pena corporal allí señalada, según el caso, conjuntamente con las penas de multa, inhabilidad perpetua para conducir vehículos motorizados y comiso que se indican, si concurriere alguna de las circunstancias siguientes:

1.- Si el responsable hubiese sido condenado anteriormente por alguno de los delitos previstos en este artículo, salvo que a la fecha de comisión del delito hubieren transcurrido los plazos establecidos en el artículo 104 del Código Penal respecto del hecho que motiva la condena anterior.

2.- Si el delito hubiese sido cometido por un conductor cuya profesión u oficio consista en el transporte de personas o bienes y hubiere actuado en el ejercicio de sus funciones.

3.- Si el responsable condujere el vehículo con su licencia de conducir cancelada, o si ha sido inhabilitado a perpetuidad para conducir vehículos motorizados.".

6) Incorpórase el siguiente artículo 196 bis:

"Artículo 196 bis.- Para determinar la pena en los casos previstos en los incisos tercero y cuarto del artículo 196, el tribunal no tomará en consideración lo dispuesto en los artículos 67, 68 y 68 bis del Código Penal y, en su lugar, aplicará las siguientes reglas:

1.- Si no concurren circunstancias atenuantes ni agravantes en el hecho, el tribunal podrá recorrer toda la extensión de la pena señalada por la ley al aplicarla.

2.- Si, tratándose del delito previsto en el inciso tercero del artículo 196, concurren una o más circunstancias atenuantes y ninguna agravante, el tribunal impondrá la pena de presidio menor en su grado máximo. Si concurren una o más agravantes y ninguna atenuante, aplicará la pena de presidio mayor en su grado mínimo.

3.- Si, tratándose del delito establecido en el inciso cuarto del artículo 196, concurren una o más circunstancias atenuantes y ninguna agravante, el tribunal impondrá la pena en su grado mínimo. Si concurren una o más agravantes y ninguna atenuante, la impondrá en su grado máximo. Para determinar en tales casos el mínimo y el máximo de la pena, se dividirá por mitad el período de su duración: la más alta de estas partes formará el máximo y la más baja el mínimo.

4.- Si concurren circunstancias atenuantes y agravantes, se hará su compensación racional para la aplicación de la pena, graduando el valor de unas y otras.

5.- El tribunal no podrá imponer una pena que sea mayor o menor al marco fijado por la ley. Con todo, podrá imponerse la pena inferior en un grado si, tratándose de la eximente del número 11 del artículo 10 del Código Penal, concurriere la mayor parte de sus requisitos, pero el hecho no pudiese entenderse exento de pena.".

7) Agrégase el siguiente artículo 196 ter:

"Artículo 196 ter.- Respecto del delito previsto en el inciso tercero del artículo 196, será aplicable lo previsto en la ley Nº 18.216, conforme a las reglas generales. Sin embargo, la ejecución de la respectiva pena sustitutiva quedará en suspenso por un año, tiempo durante el cual el condenado deberá cumplir en forma efectiva la pena privativa de libertad a la que fuere condenado.

Con todo, no se aplicará en estas situaciones lo dispuesto en el artículo 38 de dicha ley y en ningún caso la sustitución de la pena privativa de libertad implicará la sustitución o suspensión del cumplimiento de las multas, comiso e inhabilitaciones impuestas.".

8) Modifícase el artículo 209, en los siguientes términos:

a) Sustitúyese, en el inciso primero, la expresión "prisión en su grado máximo" por "presidio menor en su grado mínimo".

b) Agrégase el siguiente inciso final:

"Lo previsto en el presente artículo no se aplicará a quienes fueren
condenados por los delitos contemplados en los incisos tercero y cuarto del artículo 196.".

Artículo 2º.- Intercálase en el artículo 3º del decreto ley Nº 321, de 1925, del Ministerio de Justicia, que establece la libertad condicional para los penados, el siguiente inciso sexto, nuevo, pasando el actual a ser séptimo:

"Los condenados por los incisos tercero y cuarto del artículo 196 de la ley de Tránsito podrán obtener el mismo beneficio una vez cumplidos dos tercios de la condena.".".

Y por cuanto he tenido a bien aprobarlo y sancionarlo; por tanto promúlguese y llévese a efecto como Ley de la República.

Santiago, 15 de septiembre de 2014.- MICHELLE BACHELET JERIA, Presidenta de la República.- Andrés Gómez-Lobo Echenique, Ministro de Transportes y Telecomunicaciones.- Ximena Rincón González, Ministra Secretaria General de la Presidencia.- Jose Antonio Gómez Urrutia, Ministro de Justicia.

Lo que transcribo para su conocimiento.- Saluda a usted, Cristian Bowen Garfias, Subsecretario de Transportes.

DECRETO 172 | APRUEBA REGLAMENTO DEL TÍTULO II Y ARTÍCULO 57 DE LA LEY 19.925

MINISTERIO DE SALUD

Promulgación: 30-NOV-2004

Publicación: 24-AGO-2005

Versión: Única - 24-AGO-2005

Núm. 172.- Santiago, 30 de noviembre de 2004.- Visto: Lo dispuesto en el artículo 33 y demás del Título II y en los artículos 39 y 57, todos de la ley 19.925, publicada en el Diario Oficial del 19 de enero de 2004, sobre expendio y consumo de bebidas alcohólicas y en el decreto ley N° 2.763 de 1979;

Considerando:

1°.- Que los comportamientos sancionados en la ley 19.925 y en la Ley de Tránsito N° 18.290, corresponden a conductas reversibles, susceptibles de reeducación o tratamiento que, no obstante ello, son socialmente sancionables y riesgosas para las personas afectadas y su entorno.

2°.- Que el Ministerio de Salud y los organismos asistenciales procuran la salud y el bienestar de los individuos.

3°.- Que en este caso es importante establecer una vinculación complementaria entre las entidades del sector de policía local municipal, responsable de las acciones de carácter correctivo, y el sector salud, a cargo de aquellas de índole preventiva y recuperativa, ambas en beneficio de las personas y de la comunidad afectadas.

4°.- Que, por lo tanto, en lo que a Salud compete, es necesario que la reglamentación propenda a establecer un proceso de carácter propiamente asistencial, esto es al servicio de la prevención, tratamiento o rehabilitación, según corresponda, que sea de beneficio personal y comunitario, con prescindencia de toda connotación sancionatoria o discriminatoria; y Teniendo presente: las facultades que me confiere el artículo 32 N° 8 de la Constitución Política del Estado, dicto el siguiente,

Decreto:

Apruébase el siguiente reglamento sobre la prevención, tratamiento, rehabilitación y demás materias asistenciales relacionadas con las personas afectadas por la ley N° 19.925, sobre expendio y consumo de bebidas alcohólicas.

Artículo 1°.- Corresponderá al Ministerio de Salud diferenciar en los programas de tratamiento y rehabilitación de alcohol y drogas que se aplican en la red de establecimientos dependientes de los Servicios de Salud, una modalidad de atención especial y gratuita, para las personas que infringen las disposiciones pertinentes de la ley 19.925, sobre expendio y consumo de alcoholes, y los reincidentes en la conducción de vehículos, bajo los efectos del alcohol y en estado de ebriedad. Esta modalidad podrá utilizar instancias ya establecidas por los Servicios de Salud en programas de la misma naturaleza, en la medida que ello no interfiera con la eficacia de las acciones. Además, incluirá actividades especiales para menores de 18 años.

Artículo 2º.- El presente reglamento se aplicará a las siguientes personas, las cuales tendrán derecho a ser incluidas en los programas y modalidad señalados en el artículo anterior, en la oportunidad que el Juez de Policía Local así lo determine:

1º.- Personas sorprendidas en la vía pública o en lugares de libre acceso al público, en manifiesto estado de ebriedad, más de tres veces en un mismo año,

2º.- Personas reincidentes en la conducción de vehículos bajo los efectos del alcohol o en estado de ebriedad.

3º.- Cónyuge, padre o madre de familia que habitualmente se encontrare bajo la influencia del alcohol, de modo que no le sea posible administrar correctamente sus negocios o sustentar a su cónyuge e hijos.

Artículo 3º.- En los casos en que los Jueces de Policía Local deban pronunciarse acerca de la situación que afecta a las personas señaladas en el artículo anterior, podrán ordenar su concurrencia a los programas de tratamiento y rehabilitación para personas con consumo perjudicial de alcohol y dependencia del mismo, en alguno de los centros asistenciales que hayan sido habilitados para este efecto por los Servicios de Salud.

Cada Servicio de Salud remitirá al magistrado cartillas informativas en las que se incluirá el nombre y dirección del o de los establecimientos habilitados, así como antecedentes y objetivos de la evaluación inicial, del programa de atención gratuita que se le proveerá, el modo de acceder a él.

En los casos en que el magistrado considere conveniente ordenar la medida de internación no voluntaria, ésta se llevará a cabo en la forma y oportunidad que determina el artículo 9º de este reglamento.

Artículo 4º.- Si el Juez de Policía Local opta por un tratamiento alternativo al que proporcionan los Servicios de Salud, y por lo tanto, ajeno a éstos, sea médico, psicológico o de alguna otra naturaleza, éste deberá incluir un período de atención y seguimiento adecuado a la condición de la persona. Dicho período no podrá exceder de 90 días, prorrogable por una sola vez por un lapso similar. Para estas determinaciones el juez podrá considerar las normas de la guía clínica aprobada por resolución del Ministerio de Salud señalada en el artículo 5 de este reglamento, para ser aplicadas en los Servicios de Salud y las recomendaciones técnicas del profesional o entidad responsable de realizar la intervención.

Artículo 5º.- La modalidad de atención especial en cada uno de los establecimientos especialmente habilitados por el Servicio de Salud, de conformidad a lo dispuesto en el artículo 3º, se desarrollará a través de las siguientes instancias, según corresponda.

1º.- Evaluación diagnóstica inicial y referencia; 2º.- Reeducación preventiva;

3º.- Intervención terapéutica ambulatoria en establecimiento de atención primaria o del nivel secundario, según corresponda;

4º.- Internación para tratamiento y rehabilitación.

Una guía clínica aprobada por resolución del Ministerio de Salud orientará acerca de los objetivos, procedimientos y decisiones propias de este tipo de procedimientos y tratamientos.

Artículo 6º.- La instancia de evaluación diagnóstica inicial y referencia incluirá las entrevistas y exámenes necesarios para confirmar o descartar la presencia de una condición mórbida, que directa o indirectamente, pueda haber originado la conducta que determinó la derivación del magistrado y seleccionará la intervención más apropiada. Además procurará la motivación y aceptación del sujeto para participar en ella.

Esta fase finalizará con un informe del profesional dirigido al Juez de Policía Local comunicándole las conclusiones relativas al diagnóstico, la intervención indicada y la aceptación o rechazo informado respecto de la misma, por parte del afectado.

Artículo 7º.- La reeducación preventiva será la indicación preferente en los casos en que se descarte una condición de dependencia alcohólica en el afectado. Se desarrollará durante un período breve e incluirá un conjunto de sesiones individuales y/o de grupo, destinadas, en este último caso, a promover la interacción entre sus miembros en torno a evidenciar e informarse sobre factores y situaciones de riesgo presentes y generar alternativas de conducta para prevenirlos o evitarlos en el futuro. Adicionalmente se proporcionará una cartilla educativa.

En la ejecución de la reeducación preventiva podrán participar, a través de los acuerdos que se suscriban al efecto, organismos competentes en aspectos tales como seguridad en el tránsito, reeducación conductual u otros.

Artículo 8º.- Corresponde indicar una intervención terapéutica ambulatoria cuando se constate la presencia de una dependencia al alcohol u otra condición mórbida asociada.

De acuerdo a la complejidad, pronóstico y antecedentes del caso, el profesional o equipo tratante recomendará que ella se lleve a cabo en forma ambulatoria, sea en un establecimiento de atención primaria o del nivel de especialidad o en un programa ambulatorio de comunidad terapéutica. También determinará en que circunstancias y por qué plazo sería necesaria una internación.

Artículo 9º.- La internación, si es necesaria, es parte inseparable y componente transitorio de una intervención terapéutica. Si el Juez de Policía Local estima necesario imponer la medida de internación en un establecimiento hospitalario o en una comunidad terapéutica, derivará al afectado al Servicio de Salud correspondiente, señalando su decisión, para que el profesional o equipo tratante, luego de la etapa de evaluación diagnóstica inicial, establezca la adecuación, duración y condiciones de la indicación de internación. Si esa decisión clínica es diferente de lo determinado por el juez, enviará un informe médico a éste, con las firmas del médico tratante, y el Director del Servicio de Salud o su delegado.

Artículo 10.- Las comunidades terapéuticas para la rehabilitación de adictos, incluidas en las redes de atención de los Servicios de Salud correspondientes, podrán establecer programas especiales para el tratamiento y rehabilitación de las personas señaladas en el artículo 2º, de carácter ambulatorio o residencial.

Sin perjuicio de lo expuesto, podrán existir otras instancias comunitarias que colaboren con similares propósitos, tales como las señaladas en el inciso segundo del artículo 33 de la ley 19.925.

En ambos casos, los programas y/o actividades complementarias, estarán sujetas a la celebración de convenios correspondientes con los Servicios de Salud, sometiéndose al cumplimiento de las normas impartidas al efecto por el Ministerio de Salud y a la fiscalización que pueda ejercer respecto de ellas la autoridad competente.

En el caso que el juez haya designado un curador a estas personas los establecimientos de internación se relacionarán directamente con él y, si éste no ha sido designado, será considerado como tal el Director del hospital.

Artículo 11.- Antes de finalizar el período inicialmente establecido, el Director del Servicio de Salud o su delegado emitirá un segundo informe al Juez de Policía Local, con copia a la familia del afectado si correspondiere.

El informe contemplará antecedentes sobre grado de adherencia o cumplimiento del tratamiento indicado, evolución clínica y pronóstico, recomendación o sugerencia acerca del término o continuidad de la intervención terapéutica y en este último caso, el plazo o modalidad estimados para su culminación.

Artículo 12.- Con estos antecedentes el Juez determinará la conducta a seguir y, en el caso de que se opte por continuar el tratamiento, podrá prorrogarlo hasta llegar a completar un máximo de ciento ochenta días contados desde su inicio, al cabo de los cuales se emitirá un tercer informe definitivo.

Artículo 13.- Cada Director del Servicio de Salud designará un profesional idóneo del área de salud, que se desempeñe en el Programa de Atención de Alcohol y Drogas para coordinar esta modalidad de atención, quien actuará como delegado del Director del Servicio en su relación con los Jueces de Policía Local.

Sus funciones serán las siguientes:

- Establecer una comunicación expedita con los Jueces de Policía Local, con el fin de que el acceso, oportunidad y calidad de la atención que se brinde a las personas mencionadas en el artículo 2°, sea la adecuada.

- Emitir o hacer llegar al magistrado los informes del caso y recibir sus resoluciones, transmitiéndolas a quien corresponda.

- Vincular los establecimientos habilitados para participar en esta modalidad de atención dentro de la red asistencial del Servicio, entre sí y con aquellas instituciones o entidades ajenas al sistema, que puedan participar o complementar esta modalidad, conforme al artículo 33 de la ley 19.925.

- Planificar anualmente las acciones, recursos, tiempos y otros requerimientos que se consideren necesarios.

- Armonizar los recursos con que cuenta esta modalidad de atención, referidos en el artículo 57 de la ley 19.925, con el presupuesto regular del programa general de tratamiento y rehabilitación de alcohol y drogas del Servicio de Salud respectivo, para asegurar las prestaciones que se requieran.

- Prestar la asesoría que sea requerida por el Jefe del Programa de atención de alcohol y drogas y por el Director del Servicio de Salud cuando corresponda.

- Salvaguardar la existencia de un procedimiento adecuado y confiable que registre la información correspondiente a las atenciones que se ejecuten en esta modalidad especial, cualquiera sea el establecimiento que las lleve a cabo, para que éstas se consoliden en las estadísticas locales y nacional de salud.

El Director del Servicio de Salud dará las instrucciones para que los establecimientos y profesionales involucrados, concurran debidamente a la atención eficaz de estas personas.

El sistema de información de salud registrará las prestaciones a que dé origen esta modalidad de atención especial.

Artículo 14.- Con el fin de colaborar en el cumplimiento de las atribuciones que el artículo 7° de la ley 19.925 otorga al Intendente Regional, el Ministerio de Salud remitirá a todas las Intendencias Regionales y demás autoridades que considere pertinente, con una periodicidad no mayor a tres años, un informe acerca de la situación epidemiológica del consumo de alcohol en Chile y sus consecuencias.

Artículo 15.- Los Servicios de Salud podrán prestar asesoría técnica a requerimiento de las municipalidades para identificar actividades en las cuales puedan desempeñarse trabajos en beneficio de la comunidad y así facilitar a los magistrados la aplicación de las sanciones alternativas a la multa a que se alude en el artículo 25 de la ley.

Dichas actividades podrán realizarse en establecimientos de la institución o de otras personas jurídicas de beneficencia de derecho privado, con las cuales haya celebrado convenios de cooperación, siempre que se cuente con su anuencia previa.

En su aplicación deberá preverse, en la medida de lo posible, que las personas favorecidas con esta sanción alternativa no impliquen un riesgo para la seguridad personal y material de los establecimientos en los cuales se lleve a cabo el trabajo en beneficio de la comunidad.

Artículo 16.- A la comisión interministerial compuesta por representantes de los Ministerios de Educación, Salud y Trabajo y Previsión Social, a que se alude en el artículo 39 de la ley, se harán llegar oportunamente y en los plazos que la comisión determine, los siguientes antecedentes:

1°.- Información epidemiológica actualizada sobre el consumo de bebidas alcohólicas y sus consecuencias en la población nacional y, en particular, en los grupos infantiles y adolescentes.

2°.- Un listado de contenidos educativos que hayan demostrado o puedan demostrar efectividad en la prevención del consumo riesgoso de bebidas alcohólicas destinados a poblaciones específicas, escolar y laboral.

3°.- Una propuesta que contribuya a la elaboración de indicadores que permitan evaluar la efectividad de las acciones preventivas implementadas en establecimientos educacionales, empresas, servicios públicos y municipalidades.

4°.- Una nómina de establecimientos de salud en los cuales se presta atención especialmente dirigida a las personas que presentan problemas derivados del consumo de bebidas alcohólicas, sean éstas niños, adolescentes o trabajadores o adultos en general.

Artículo 17.- El 40% de las sumas por concepto de multas a que se refiere el artículo 57 de la ley 19.925, será depositado por las municipalidades en el Servicio de Tesorerías, dentro de los primeros 5 días del mes siguiente a su recaudación. Tesorerías, en el curso del mes siguiente al ingreso de estos recursos en las arcas fiscales, pondrá estos valores a disposición de la Subsecretaría de Salud Pública, para ser distribuidos a los Servicios de Salud, organismos que los destinarán al desarrollo de programas de tratamiento y rehabilitación de personas bebedores problemas o alcohólicas, de acuerdo con las directrices que en esta materia les imparta dicha Subsecretaría.

El 60% de las sumas ingresadas por multas conforme al artículo 57 de esta misma ley, serán destinadas por las municipalidades a acciones de fiscalización de las infracciones de esta ley y programas de prevención y rehabilitación de personas con problemas asociados al consumo de alcohol, pudiendo para estos efectos coordinarse con la red de atención de salud primaria y especializada, que comprende establecimientos que pertenecen tanto a la Municipalidad como a los Servicios de Salud, de manera de complementar las actividades de ambos, evitando duplicidad de esfuerzos y, en particular, favoreciendo la creación y fortalecimiento de grupos de autoayuda y otras formas de participación comunitaria.

Artículo transitorio: Dentro de los primeros 5 días del mes siguiente a la fecha de publicación del presente Reglamento, las municipalidades deberán depositar en el Servicio de Tesorerías, el 40% de todos los recursos recaudados por concepto de multas, conforme al artículo 57 de la ley 19.925, ingresadas desde su vigencia.

Tesorerías remitirá estos recursos a la Subsecretaría de Salud Pública, dentro del mes siguiente a su ingreso en arcas fiscales.

Aquellas municipalidades que a la fecha de vigencia de este reglamento hubieran transferido, total o parcialmente, estos aportes en forma directa a los Servicios de Salud deducirán aquellas sumas de sus transferencias al Servicio de Tesorerías.

Anótese, tómese razón y publíquese en el Diario Oficial e insértese en la Recopilación Oficial de Reglamentos de la Contraloría General de la República.- RICARDO LAGOS ESCOBAR, Presidente de la República.- Pedro García Aspillaga, Ministro de Salud.

Lo que transcribo a Ud. para su conocimiento.- Saluda a Ud., Cecilia Villavicencio Rosas, Subsecretaria de Salud Pública.

LEY 19862 | ESTABLECE REGISTROS DE LAS PERSONAS JURÍDICAS RECEPTORAS DE FONDOS PÚBLICOS

MINISTERIO DE HACIENDA

Promulgación: 30-ENE-2003

Publicación: 08-FEB-2003

Versión: Única - 08-FEB-2003

Teniendo presente que el H. Congreso Nacional ha dado su aprobación al siguiente Proyecto de ley:

"**Artículo 1º.-** Los órganos y servicios públicos incluidos en la Ley de Presupuestos y los municipios que efectúen transferencias, deberán llevar un registro de las entidades receptoras de dichos fondos.

En el caso de las entidades que reciban fondos públicos con cargo a la partida presupuestaria Tesoro Público, la obligación corresponderá a la institución que apruebe la transferencia o que sancione la asignación de los fondos correspondientes.

Igual obligación regirá respecto de las instituciones que autorizan donaciones o franquicias tributarias.

En todo caso, deberán registrarse las entidades que sean susceptibles de recibir recursos públicos contemplados en la Ley de Presupuestos o aquellas con derecho a crédito fiscal reguladas en el artículo 8º de la ley Nº 18.985, en el artículo 69 de la ley Nº 18.681, en el artículo 3º de la ley Nº 19.247, y en el Párrafo 5º del Título IV, de la ley Nº 19.712.

Asimismo, deberán registrarse las personas jurídicas o naturales que efectúen la donación correspondiente.

Artículo 2º.- Para los efectos de esta ley se entenderá por transferencias las subvenciones a personas jurídicas, sin prestación recíproca en bienes o servicios, y, en especial, subsidios para financiamiento de actividades específicas o programas especiales y gastos inherentes o asociados a la realización de éstos; sea que estos recursos se asignen a través de fondos concursables o en virtud de leyes permanentes o subsidios, subvenciones en áreas especiales, o contraprestaciones establecidas en estatutos especiales, y otras de similar naturaleza, todo esto según se determine en el reglamento.

Artículo 3º.- Quedan facultados y obligados a establecer registros, por el ministerio de esta ley, los órganos y servicios del Estado que asignen recursos de carácter público, en los que se clasificará, acreditará y proporcionará información pública sobre la existencia, antecedentes de constitución y funcionamiento de las entidades favorecidas, conforme al reglamento u ordenanza respectiva, que deberán dictarse dentro del plazo de ciento veinte días contado desde la fecha de publicación de este cuerpo legal.

Artículo 4º.- En los registros se incorporará la información relativa a la individualización de las entidades mencionadas en esta ley, su área de especialización, su naturaleza jurídica, y sus antecedentes financieros.

Deberán consignarse también las actividades, trabajos o comisiones que se hayan encargado por parte de las entidades públicas y municipios; los recursos públicos recibidos y el resultado de los controles efectuados por la Contraloría General de la República y otros órganos fiscalizadores, cuando corresponda.

Artículo 5º.- Las instituciones receptoras de las transferencias o donaciones deberán mantener actualizada la información a que se refiere el artículo anterior.

Artículo 6º.- A las entidades a las que se refiere esta ley sólo se les podrá entregar recursos públicos o conceder franquicias tributarias una vez que se encuentren inscritas en el registro correspondiente y, en todo caso, únicamente a partir de la vigencia señalada en el artículo 1° transitorio.

Se aplicará a los funcionarios públicos que otorgaren recursos públicos a alguna de las entidades a que se refiere esta ley no inscrita en los Registros que se establecen, la sanción que corresponda de acuerdo al estatuto administrativo que los rija.

Por su parte, las entidades no inscritas en el registro correspondiente que reciban recursos públicos, deberán devolverlos reajustados con más el interés máximo convencional.

Artículo 7º.- El Ministerio de Hacienda deberá dictar las normas e instrucciones por las que deberán regirse los registros antes mencionados y establecerá la forma en que deberán uniformarse los datos provenientes de las diversas entidades a que se refiere esta ley, los que incorporará en su propia base de datos.

Dicha Secretaría de Estado estará facultada para requerir información de los órganos y servicios públicos, antes citados, excluidas las municipalidades, para constituir un registro central de colaboradores del Estado, que será llevado por la Subsecretaría del Ministerio referido.

El reglamento, emanado del Ministerio de Hacienda, establecerá lo relacionado con la organización, coordinación, actualización y gestión de los registros mencionados en los incisos anteriores de este artículo. En todo caso, el reglamento podrá establecer sistemas simplificados para instituciones de menor tamaño.

Por su parte, con la información que proporcionen los municipios, la Subsecretaría de Desarrollo Regional y Administrativo, dependiente del Ministerio del Interior, deberá establecer un registro central de colaboradores de las municipalidades. Se aplicará a los funcionarios municipales que otorgaren recursos de esas corporaciones a entidades no inscritas en los registros municipales, la sanción que corresponda de acuerdo a lo dispuesto en la ley N° 18.883, Estatuto Administrativo para Funcionarios Municipales.

Además, las entidades no inscritas en el registro correspondiente que recibieren recursos municipales, deberán devolverlos reajustados con más el interés máximo convencional.

La Subsecretaría de Desarrollo Regional y Administrativo dictará el reglamento necesario para la adecuada organización, actualización y operación del registro a su cargo.

Artículo 8º.- Cualquier persona podrá solicitar, tanto a las entidades que llevan registros sectoriales o municipales, como a la Subsecretaría de Hacienda o a la Subsecretaría de Desarrollo Regional y Administrativo, la información contenida en el respectivo registro, la que será pública.

Artículo 9º.- Todos los registros a que se refiere la presente ley deberán encontrarse a disposición de la Contraloría General de la República, con el propósito de facilitar su fiscalización.

Artículo 10.- Los Ministerios de Hacienda y del Interior deberán celebrar convenios para que, a través de los medios electrónicos, se pueda intercambiar la información contenida en sus respectivos registros.

ARTÍCULOS TRANSITORIOS

Artículo 1º.- Las instituciones a que se refiere esta ley deberán establecer los registros correspondientes en el curso del año 2003, en base a las transferencias que se efectúen en dicho año. La información de dichos registros deberá estar disponible a través de medios electrónicos.

Sin embargo, el requisito establecido en el artículo 6º para entregar recursos públicos o conceder franquicias tributarias regirá sólo a contar del 1 de enero de 2004.

Artículo 2º.- Los registros centrales a que se refiere esta ley deberán encontrarse consolidados el 1 de julio de 2004.

Los órganos y servicios públicos, cualquiera sea su naturaleza, que cuenten con la información respectiva, y las entidades particulares a que afecta esta ley, serán responsables de remitir a la Subsecretaría de Hacienda dicha información dentro del primer trimestre del año 2004.

La misma obligación tendrán las municipalidades y entidades particulares, en su caso, de enviar a la Subsecretaría de Desarrollo Regional y Administrativo la información correspondiente, en el plazo señalado en el inciso precedente.

Artículo 3º.- El financiamiento del mayor gasto que irrogue esta ley durante el año 2003, se hará con cargo al presupuesto de las reparticiones correspondientes, de la Ley de Presupuestos para dicha anualidad.

Artículo 4º.- Sin perjuicio de las normas especiales de vigencia establecidas en este cuerpo legal, la presente ley entrará en vigor dentro de 90 días de publicada en el Diario Oficial.".

Habiéndose cumplido con lo establecido en el Nº 1º del Artículo 82 de la Constitución Política de la República y por cuanto he tenido a bien aprobarlo y sancionarlo; por tanto, promúlguese y llévese a efecto como Ley de la República.

Santiago, 30 de enero de 2003.- RICARDO LAGOS ESCOBAR, Presidente de la República.- María Eugenia Wagner Brizzi, Ministro de Hacienda (S).- José Miguel Insulza Salinas, Ministro del Interior.- Mario Fernández Baeza, Ministro Secretario General de la Presidencia.

Lo que transcribo a Ud. para su conocimiento.- Saluda atentamente a Ud., Mario Marcel Cullell, Subsecretario de Hacienda Subrogante.

TRIBUNAL CONSTITUCIONAL

Proyecto de ley que establece registros de las personas jurídicas receptoras de fondos públicos

El Secretario del Tribunal Constitucional, quien suscribe, certifica que la Honorable Cámara de Diputados envió el proyecto de ley enunciado en el rubro, aprobado por el Congreso Nacional, a fin de que este Tribunal ejerciera el control de constitucionalidad respecto de sus artículos 1º, 3º, 4º, 7º y 8º permanentes, y 2º transitorio, y por sentencia de 28 de enero de 2003, declaró:

1. Que, los artículos 1º, 3º, 4º, 7º y 8º permanentes, y 2º transitorio, del proyecto remitido, son constitucionales.

2. Que, el inciso primero del artículo 1º transitorio, del proyecto remitido, es, asimismo, constitucional.

Santiago, enero 29 de 2003.- Rafael Larraín Cruz, Secretario.

DECRETO 375 | APRUEBA REGLAMENTO DE LA LEY Nº 19.862, QUE ESTABLECE REGISTROS DE LAS PERSONAS JURÍDICAS RECEPTORAS DE FONDOS PÚBLICOS

MINISTERIO DE HACIENDA

Promulgación: 19-MAY-2003

Publicación: 03-JUL-2003

Versión: Última Versión - 19-JUN-2008

Última modificación: 19-JUN-2008 - Decreto 701

Núm. 375.- Santiago, 19 de mayo de 2003.- Vistos: Lo dispuesto en la ley Nº 19.862, publicada en el Diario Oficial de 8 de febrero de 2003, que "Establece Registros de las Personas Jurídicas Receptoras de Fondos Públicos", y lo establecido en el artículo 32, Nº 8 de la Constitución Política de la República de Chile, dicto el siguiente:

Decreto:

Apruébase el siguiente reglamento de la ley Nº 19.862, que Establece Registros de las Personas Jurídicas Receptoras de Fondos Públicos.

DE LOS REGISTROS DE LAS PERSONAS JURÍDICAS RECEPTORAS DE FONDOS PÚBLICOS

Artículo 1º.- Estarán obligados a llevar Registros:

a) Todos los órganos y servicios públicos incluidos anualmente en la Ley de Presupuestos y los municipios que efectúen transferencias de fondos públicos;

b) Las instituciones que aprueben transferencias o que sancionen la asignación de los fondos públicos recibidos con cargo a la partida presupuestaria Tesoro Público, y

c) Las instituciones que autoricen donaciones con derecho a crédito fiscal o franquicias tributarias.

Artículo 2º.- Deberán registrarse:

a) Las entidades que sean susceptibles de recibir recursos públicos contemplados anualmente en la Ley de Presupuestos;

b) Las entidades receptoras de transferencia de fondos públicos;

c) Aquellas entidades que reciban las donaciones reguladas en el artículo 8º de la ley Nº 18.985, en el artículo 69 de la ley Nº 18.681, en el artículo 3º de la ley Nº 19.247, y en el Párrafo 5º del Título IV de la ley Nº 19.712, y

d) Deberán registrarse aquellas personas jurídicas o naturales que realicen la donación correspondiente.

Artículo 3º.- Para los efectos del presente reglamento, se entenderá por transferencias las subvenciones a personas jurídicas, sin prestación recíproca en bienes o servicios, y, especialmente, los subsidios para financiamientos de actividades específicas o programas especiales y los gastos inherentes o asociados a la realización de éstos, sea que estos recursos se asignen a través de fondos concursables o en virtud de leyes permanentes, o subsidios, subvenciones en áreas especiales, o contraprestaciones establecidas en estatutos especiales, y otras de similar naturaleza.

Asimismo, se entenderá como transferencia a la donación que da origen al crédito fiscal regulado en el artículo 8º de la ley Nº 18.985, en el artículo 69 de la ley Nº 18.681, en el artículo 3º de la ley Nº 19.247, y en el Párrafo 5º del Título IV de la ley Nº 19.712.

Artículo 4º.- Los registros que deberán establecer cada uno de los órganos y servicios públicos o municipios, que asignen recursos de carácter público, serán llevados por medios computacionales y serán permanentes y de conocimiento público.

La Secretaría y Administración General del Ministerio de Hacienda o la Subsecretaría de Desarrollo Regional y Administrativo, podrán autorizar a las entidades mencionadas en el artículo 1º, de menor tamaño, a llevar registros de manera simplificada, mediante decreto supremo emanado de una u otra de las Subsecretarías, según corresponda.

Artículo 5º.- La inscripción de cada operación de transferencia deberá contener, a lo menos, las siguientes menciones:

a) Individualización del órgano o servicio público, o municipio que realice la transferencia;

b) En el caso de donación con derecho a crédito fiscal, la individualización de la persona natural o jurídica que realice la donación correspondiente, su naturaleza jurídica, su nombre o razón social, su Rol Unico Tributario, y su domicilio;

c) Individualización de la persona jurídica receptora de estos fondos públicos, su naturaleza jurídica, indicación de su constitución u obtención de su personalidad jurídica y su vigencia, su nombre o razón social, su Rol Unico Tributario, su objeto social, la composición de su directorio, su domicilio, su área de especialización y sus antecedentes financieros;

d) El monto y fecha de la transferencia, el procedimiento utilizado en su asignación, si es por concurso, asignación directa u otro, señalándose el marco legal de su aplicación;

DTO 701, HACIENDA
D.O. 19.06.2008

e) El objeto o destino de la aplicación de dichos fondos públicos, con indicación de los trabajos, actividades o comisiones encargadas;

f) La Región y comuna donde la transferencia de fondos públicos se materializará, y

g) El resultado de los controles efectuados por la Contraloría General de la República y por otros organismos fiscalizadores, según corresponda, cuando lo hubiere.

Cumplidas todas las exigencias anteriormente mencionadas, se entenderá por realizada la respectiva inscripción.

Artículo 6º.- Las entidades receptoras de las transferencias o donaciones deberán mantener permanentemente actualizada la información que les es exigida por el artículo anterior del presente reglamento.

Artículo 7º.- A las entidades receptoras señaladas en el presente reglamento, sólo se les podrá cursar la transferencia de fondos públicos una vez que se encuentren debidamente inscritas en el Registro correspondiente.

Artículo 8º.- La entidad receptora que no se encuentre debidamente inscrita en el Registro correspondiente y que reciba recursos públicos deberá restituir los valores percibidos por este concepto, reajustados conforme a la variación que haya experimentado el Índice de Precios al

Consumidor en el lapso que medie entre la fecha de recepción de los mismos y aquella en que se efectúe la devolución, más el interés máximo convencional.

Sin perjuicio de lo anterior, se aplicará a los funcionarios que otorgaren recursos públicos a alguna de las entidades a que se refiere esta ley, no inscrita en los Registros que se establecen, la sanción que corresponda de acuerdo al estatuto administrativo que los rija.

Artículo 9º.- Establécese un Registro Central de Colaboradores del Estado, dependiente de la Secretaría y Administración General del Ministerio de Hacienda, también llevado por medios computacionales y que, asimismo, será público, en el cual se registrará y acopiará toda la información asentada y proporcionada por cada uno de los Registros que llevarán los órganos y servicios públicos incluidos en la Ley de Presupuestos y que asignen fondos de carácter público, en los términos señalados por el presente reglamento.

Cada uno de los Registros que llevarán los órganos y servicios públicos incluidos en la Ley de Presupuestos y que asignen fondos de carácter público, deberá remitir a este Registro Central de Colaboradores del Estado la información asentada en ellos, dentro del plazo y en las formas fijados por la mencionada Secretaría y Administración General.

Artículo 10º.- Establécese, asimismo, un Registro Central de Colaboradores de las Municipalidades, dependiente de la Subsecretaría de Desarrollo Regional y Administrativo del Ministerio del Interior, llevado por medios computacionales y que será público, en el cual se registrará y acopiará toda la información asentada y proporcionada por cada uno de los Registros que llevarán los municipios respecto de las transferencias de fondos públicos a entidades receptoras de dichos fondos, en los términos señalados por el presente reglamento.

Cada uno de los Registros que llevarán los municipios respecto de las transferencias de fondos públicos a entidades receptoras de dichos fondos, deberá remitir al Registro Central de Colaboradores de las Municipalidades indicado en el inciso anterior la información asentada en ellos, dentro del plazo y en las formas fijados por la Subsecretaría de Desarrollo Regional y Administrativo.

Artículo 11º.- Todos los registros a los que se refiere el presente reglamento deberán encontrarse a disposición de la Contraloría General de la República, con el propósito de facilitar su fiscalización.

Artículo 12º.- Los Ministerios del Interior y de Hacienda deberán celebrar convenios para que a través de los medios electrónicos, se pueda intercambiar la información contenida en sus respectivos registros.

ARTÍCULOS TRANSITORIOS

Artículo 1º transitorio. Las instituciones señaladas en el artículo 1º de este reglamento deberán establecer los registros correspondientes en el curso del año 2003, en base a las transferencias o donaciones con franquicias tributarias y que se efectúen en dicho año.

Respecto de las entidades a que se refiere la ley que se reglamenta, sólo se les podrá entregar recursos públicos o conceder franquicias tributarias una vez que se encuentren inscritas en el Registro correspondiente y, en todo caso, únicamente a partir del 1 de enero de 2004.

Artículo 2º transitorio. Las entidades señaladas en el artículo 1º que cuenten con la información respectiva antes señalada, serán responsables de remitir dicha información a la Secretaría y Administración General del Ministerio de Hacienda o a la Subsecretaría de Desarrollo Regional y Administrativo según corresponda, dentro del primer trimestre del año 2004.

Los registros centrales a que se refiere esta ley deberán encontrarse consolidados el 1° de julio de 2004.

Anótese, tómese razón y publíquese.- RICARDO LAGOS ESCOBAR, Presidente de la República.- Nicolás Eyzaguirre Guzmán, Ministro de Hacienda.- José Miguel Insulza Salinas, Ministro del Interior.

Lo que transcribo a Ud., para su conocimiento.- Saluda atentamente a Ud., María Eugenia Wagner Brizzi, Subsecretaria de Hacienda.

DECRETO CON FUERZA DE LEY 1 | FIJA TEXTO REFUNDIDO, COORDINADO, SISTEMATIZADO Y ACTUALIZADO DE LA LEY NÚMERO 17.235 SOBRE IMPUESTO TERRITORIAL

MINISTERIO DE HACIENDA

Promulgación: 01-JUL-1998

Publicación: 16-DIC-1998

Versión: Última Versión - 07-MAR-2024

Última modificación: 07-MAR-2024 - Decreto 102

Materias: Impuesto Territorial, Ley no. 17.235

D.F.L. Núm. 1.- Santiago, 1° de julio de 1998.- Vistos: Que el artículo 13 de la ley N°19.506, me facultó para fijar el texto refundido, coordinado, sistematizado y actualizado de la ley N°17.235, sobre Impuesto Territorial, dicto el siguiente:

Decreto con fuerza de ley:

El siguiente es el texto refundido, coordinado, sistematizado y actualizado de la ley N° 17.235, de 24.12.1969, sobre Impuesto Territorial:

TÍTULO I
DEL OBJETO DEL IMPUESTO

Artículo 1°.- Establécese un impuesto a los bienes raíces, que se aplicará sobre el avalúo de ellos, determinado de conformidad con las disposiciones de la presente ley.

Ley 17.235/69,
Art. 1°

Para este efecto, los inmuebles se agruparán en dos series:

A) Primera Serie: Bienes Raíces Agrícolas.

Comprenderá todo predio, cualquiera que sea su ubicación, cuyo terreno esté destinado preferentemente a la producción agropecuaria o forestal, o que económicamente sea susceptible de dichas producciones en forma predominante.

La destinación preferente se evaluará en función de las rentas que produzcan o puedan producir la actividad agropecuaria y los demás fines a que se pueda destinar el predio.

También se incluirán en esta serie aquellos inmuebles o parte de ellos, cualquiera que sea su ubicación, que no tengan terrenos agrícolas o en que la explotación del terreno sea un rubro secundario, siempre que en dichos inmuebles existan establecimientos cuyo fin sea la obtención de productos agropecuarios primarios, vegetales o animales. La actividad ejercida en estos establecimientos será considerada agrícola para todos los efectos legales.

En el caso de los bienes comprendidos en esta serie, el impuesto recaerá sobre el avalúo de los terrenos y sobre el valor de las casas patronales que exceda de $289.644, cantidad que se reajustará en la forma indicada en el artículo 9° de esta ley a contar del 1° de julio de 1980. No obstante, en el caso de los inmuebles a que se refiere el inciso anterior, el impuesto se aplicará, además, sobre el avalúo de todos los bienes.

D.L. 3.256/80,
Art. 7°, inciso primero
D.L. 2.325/78
Art. 1°
D.L. 2.754/79,
Art. 2°
Ley 19.388/95,
Art. 3°, N° 9

Las tasaciones que pudieren ordenarse no incluirán el mayor valor que adquieran los terrenos como consecuencia de las siguientes mejoras costeadas por los particulares:

a) Represas, tranques, canales y otras obras artificiales permanentes de regadío para terrenos de secano;

b) Obras de drenaje hechas en terrenos húmedos o turbosos, y que los habiliten para su cultivo agrícola;

c) Limpias y destronques en terrenos planos y lomajes suaves, técnicamente aptos para cultivos;

d) Empastadas artificiales permanentes en terrenos de secano;

e) Mejoras permanentes en terrenos inclinados, para defenderlos contra la erosión, para la contención de dunas y cortinas contra el viento, y

f) Puentes y caminos.

Para hacer efectivo el beneficio establecido en el inciso anterior, el Servicio de Impuestos Internos al efectuar una nueva tasación del respectivo inmueble, clasificará y tasará el valor de los terrenos agrícolas. Determinará al mismo tiempo la parte que en el avalúo total corresponda al mayor valor adquirido por los terrenos con ocasión de las mejoras introducidas, para los efectos de excluirlos del referido avalúo total, previa declaración del interesado, quien deberá acreditar que cumple con los requisitos exigidos por este inciso y el anterior. La declaración precedente deberá hacerse conjuntamente y en el mismo plazo en que deba presentarse la declaración señalada en el artículo 3° de esta ley, y en la forma que determine el Servicio de Impuestos Internos.

Vencido ese plazo, caducará el derecho del contribuyente a impetrar este beneficio. El beneficio establecido en los dos incisos anteriores se mantendrá por el plazo de 10 años, contados desde la vigencia de la tasación en que se otorgue, pero se extinguirá a contar desde el año siguiente a aquel en que se enajene el predio respectivo.

B) Segunda Serie: Bienes Raíces no Agrícolas.

Comprenderá todos los bienes raíces no incluidos en la Serie anterior, con excepción de las minas, de las maquinarias e instalaciones, aun cuando ellas estén adheridas, a menos que se trate de instalaciones propias de un edificio, tales como ascensores, calefacción, etc.

D.L. 1.225/75,
Ley 19.388/95,
Art. 6°, letra a)
Art. 3°, N° 1

Los bienes nacionales de uso público no serán avaluados, excepto en los casos en que proceda la aplicación del artículo 27° de esta ley.

TÍTULO II

Artículo 2º.- Estarán exentos de todo o parte de los impuestos establecidos en la presente ley, los inmuebles señalados en el Cuadro Anexo en la forma y condiciones que en él se indican. Además, estarán exentos de todo o parte del referido impuesto, aquellos predios que no se mencionan en dicho cuadro y que gozan de este beneficio en virtud de leyes especiales.

Ley 17.235/69,
Art. 2°
Ley 20280
Art. 1° N° 1
D.O. 04.07.2008

Los predios no agrícolas destinados a la habitación, gozarán de un monto de avalúo exento de impuesto territorial de $ 10.878.522, del 1 de enero del 2005. Cada vez que se practique un reavalúo de la Serie No Agrícola, el monto señalado se reajustará en la misma proporción en que varíen en promedio los avalúos de las propiedades habitacionales.

Los predios agrícolas gozarán de un monto de avalúo exento de $ 5.120.640, del 1 de enero del 2005. Cada vez que se practique un reavalúo de la Serie Agrícola, el monto señalado se reajustará en la misma proporción en que varíen en promedio los avalúos de las propiedades agrícolas.

Ley 20033
Art. 1° N° 1
D.O. 01.07.2005

Los predios no agrícolas cuyo avalúo vigente al 1° de enero de 1975 sea de hasta $160, gozarán de pleno derecho, a contar del 1° de enero de 1975, de exención total del impuesto de esta ley. El monto de avalúo indicado en este inciso se reajustará anualmente, a contar del 1° de enero de 1976, y semestralmente a contar del 1° de julio de 1978, en la forma indicada en el artículo 9° de esta ley.

D.L. 935/75,
Arts. 1° y 6°
D.L. 1.123/75,
Art. 1°
Ley 17.235/69,
Art. 26°
D.L. 2.325/78,
Arts. 1° y 5°
Ley 19.388/95,
Art. 3°, N° 9

Si por cualquier circunstancia un de terminado predio tuviera derecho a gozar de dos o más exenciones del impuesto territorial, éstas no se podrán acordar en forma copulativa. Igual norma se aplicará en los casos de exenciones temporales, en las cuales no podrán acumularse plazos de exención. En estas circunstancias, el Servicio otorgará para efectos del impuesto territorial la exención más beneficiosa para el contribuyente.

D.L. 296/74,
Art. 8°
Ley 19.388/95,
Art. 3°, N° 2

Todo bien raíz no agrícola cuyo destino original sea la habitación, que haya sido destinado posteriormente en forma parcial a un uso distinto a éste, cuyo avalúo sea igual o inferior al monto de la exención general habitacional y que esté habitado por su propietario, persona natural, gozará de una exención del 100% del Impuesto Territorial.

NOTA:
El artículo 19 de la Ley 19578, publicada el 29.07.1998, modifica el artículo 2° de la Ley 17235 en el sentido de agregarle un inciso final. Este inciso no se incorporó en la publicación del presente Decreto con Fuerza de Ley que aprueba su texto refundido, por cuanto la ley que lo sanciona fue publicada con antelación. No obstante lo anterior, el referido inciso ha sido incorporado al presente artículo actualizado, a fin de preservarlo y ofrecer a los usuarios su texto completo.

NOTA 1:
El artículo 1° transitorio de la Ley 20033, publicada el 01.07.2005, dispone que la modificación de la presente norma, rige a contar del 01.01.2006.

NOTA 2:
El Art. primero de la Ley 20280, publicada el 04.07.2008, dispuso que la modificación introducida en el presente artículo tendrá la misma vigencia que las introducidas en esta ley por los Arts. 1° y 2° de la Ley 20233, vale decir, rige a contar del 1° de enero de 2006.

TÍTULO III
DE LA TASACIÓN DE LOS BIENES RAÍCES

Artículo 3°.- El Servicio de Impuestos Internos deberá reavaluar, cada 4 años, los bienes raíces agrícolas y no agrícolas sujetos a las disposiciones de esta ley, aplicándose la nueva tasación, para cada serie, simultáneamente a todas las comunas del país.

Ley 20033
Art. 1° N° 2
D.O. 01.07.2005
Ley 20650
Art. ÚNICO a)
D.O. 31.12.2012

No obstante lo dispuesto en el inciso anterior, el Servicio de Impuestos Internos deberá reavaluar, en el período comprendido entre dos reavalúos nacionales, aquellas comunas o sectores de éstas en que se produzca una ampliación en el límite urbano de un plan regulador. Para estos efectos, el Servicio de Impuestos Internos deberá ser informado por la autoridad que promulgue los respectivos planes reguladores del hecho de la publicación de éstos, dentro del plazo de tercero día.

Ley 21078
Art. tercero N°1 a)
D.O. 15.02.2018

Para efectos del reavalúo a que se refiere el inciso anterior, el Servicio de Impuestos Internos tendrá un plazo de seis meses contados desde que reciba la información señalada.

Para estos efectos, el Servicio podrá solicitar la asistencia y cooperación de los municipios para la tasación de los bienes raíces de sus respectivos territorios y requerir de los propietarios la información de sus propiedades; todo lo anterior, en la forma y plazo que el Servicio determine. Para recoger esta información, el Servicio de Impuestos Internos facilitará el cumplimiento tributario a través de los mecanismos disponibles al efecto. Esta información no debe implicar costos para el propietario.

Con ocasión de los reavalúos, el giro del impuesto territorial a nivel nacional no podrá aumentar en más de un 10%, el primer semestre de vigencia de los reavalúos, en relación al impuesto territorial que debiera girarse conforme a la ley en el semestre inmediatamente anterior a la vigencia de dicho reavalúo, de haberse aplicado las tasas correspondientes del impuesto a la base imponible de cada una de las propiedades.

No obstante lo establecido en el inciso anterior, a aquellos predios cuyo avalúo se determine conforme a lo dispuesto en el inciso segundo, se les girará el total del impuesto reavaluado en el semestre anterior al que corresponda aplicarle el nuevo avalúo fiscal.

Ley 21078
Art. tercero N°1 b)
D.O. 15.02.2018

Para todas las propiedades de la Serie Agrícola y de la Serie No Agrícola que, con ocasión del respectivo reavalúo, aumenten sus contribuciones en más de un 25%, respecto de las que debieron girarse en el semestre inmediatamente anterior, de haberse aplicado la tasa correspondiente del impuesto a su base imponible y cuya cuota trimestral de contribuciones reavaluada sea superior a $ 5.000 del 1 de enero de 2003, la parte que exceda a los guarismos antes descritos, se incorporará semestralmente en hasta un 10%, calculando dicho incremento sobre la cuota girada en el semestre inmediatamente anterior, por un periodo máximo de hasta 7 semestres, excluido el primero.

Ley 20650
Art. ÚNICO b)
D.O. 31.12.2012

Para estos efectos, a las propiedades exentas de contribuciones en el semestre inmediatamente anterior al reavalúo, se les considerará una cuota base trimestral de $ 4.000 del 1 de enero de 2003. Esta cantidad, como asimismo la señalada en el inciso anterior, se reajustarán en la misma forma y porcentaje que los avalúos de los bienes raíces.

Para los efectos de la tasación a que se refiere el inciso primero, el Servicio de Impuestos Internos podrá requerir de los propietarios, o de una parte de ellos, una declaración descriptiva y de valor de mercado del bien raíz, en la forma, oportunidad y plazo que el Servicio determine.

No obstante lo dispuesto en el inciso primero, el Servicio de Impuestos Internos tasará con vigencia a contar del 1 de enero de cada año, los bienes raíces no agrícolas que correspondan a sitios no edificados, propiedades abandonadas o pozos lastreros, ubicados en las áreas urbanas, con sujeción a las normas establecidas en el N° 2 del artículo 4°. Para estos efectos, el Servicio podrá requerir anualmente de los propietarios la declaración a que se refiere el inciso anterior.

Para las propiedades señaladas en el inciso anterior, se aplicará el mismo mecanismo de determinación del impuesto territorial a que se refiere el inciso séptimo, en lo que corresponda al primer año.

Ley 21078
Art. tercero N°1 c)
D.O. 15.02.2018

NOTA:
El artículo 1° transitorio de la Ley 20033, publicada el 01.07.2005, dispone que la modificación de la presente norma, rige a contar del 01.01.2006.

Artículo 4º.- El Servicio de Impuestos Internos impartirá las instrucciones técnicas y administrativas necesarias para efectuar la tasación, ajustándose a las normas siguientes:

1°.- Para la tasación de los predios agrícolas el Servicio de Impuestos Internos confeccionará:

a) Tablas de clasificación de los terrenos, según su capacidad potencial de uso actual;

b) Mapas y tablas de ubicación, relativas a la clase de vías de comunicaciones y distancia de los centros de abastecimientos, servicios y mercados, y

c) Tabla de valores para los distintos tipos de terrenos de conformidad a las tablas y mapas señalados.

2°.- Para la tasación de los bienes raíces de la segunda serie, se confeccionarán tablas de clasificación de las construcciones y de los terrenos y se fijarán los valores unitarios que correspondan a cada tipo de bien. La clasificación de las construcciones se basará en su clase y calidad y los valores unitarios se fijarán, tomando en cuenta, además, sus especificaciones técnicas, costos de edificación, edad, destino e importancia de la comuna y de la ubicación del sector comercial. Las tablas de valores unitarios de terrenos se anotarán en planos de precios y considerando los sectores de ubicación y las obras de urbanización y equipamiento de que disponen.

Ley 18.591/87,
Art. 3°

Artículo 5º.- Terminada la tasación referente a una comuna, el Servicio de Impuestos Internos formará el rol de avalúos correspondiente, el que deberá contener la totalidad de los bienes raíces comprendidos en la comuna, aun aquellos que estén exentos de impuestos, pero los bienes nacionales de uso público se incluirán sólo cuando proceda la aplicación del artículo 27° de esta ley.

Ley 17.235/69,
Art. 13°

Se expresará respecto de cada inmueble, el número de rol de avalúo; el nombre del propietario; la ubicación o dirección de la propiedad o el nombre de ella si es agrícola; el destino; avalúo total; avalúo exento, si procediere, y el valor nominal de la cuota de impuesto territorial que corresponda pagar. Si al predio le correspondiere el incremento gradual de contribuciones establecido en el inciso cuarto del artículo 3° de esta ley, se indicará, además, el valor nominal de la cuota que incluya el monto total del impuesto determinado producto del reavalúo.

Ley 20419
Art. ÚNICO N° 1
D.O. 19.02.2010

Copias de estos roles comunales serán enviadas por el Servicio de Impuestos Internos a las municipalidades respectivas.

Ley 19.388/95,
Art. 3°, N° 4, letra b)

Sin perjuicio de lo dispuesto anteriormente, al efectuarse un reavalúo, el Servicio de Impuestos Internos, con carácter informativo, pondrá a disposición de los propietarios, por medios electrónicos y durante el período de exhibición de los nuevos avalúos y de reclamos en contra de ellos, el detalle de la tasación de sus bienes raíces, de la determinación del nuevo avalúo y del monto de las contribuciones que graven sus propiedades. En este último caso, si a la propiedad le correspondiere el incremento gradual de las contribuciones, se indicará el valor nominal de la primera cuota y de los incrementos sucesivos hasta alcanzar el total del impuesto determinado producto del reavalúo.

Ley 20419
Art. ÚNICO Nº 2
D.O. 19.02.2010

Asimismo, con ocasión de los reavalúos, el Servicio de Impuestos Internos remitirá a los contribuyentes cuyos bienes raíces resulten afectos al cobro del impuesto o modifiquen su condición de afectos a exentos, una comunicación de carácter informativo que contendrá el número de rol de avalúo, el nombre del propietario, la ubicación o dirección de la propiedad o el nombre de ella si es agrícola, el avalúo y la superficie del terreno, el avalúo y la superficie de las construcciones si las hubiere, el avalúo total, el avalúo exento si procediere, la tasa del impuesto aplicable y el monto nominal de la contribución a pagar y de su aumento gradual, si correspondiere.

Artículo 6º.- Dentro de los diez días siguientes a la recepción del rol a que se refiere el artículo anterior, el alcalde lo hará fijar durante treinta días seguidos en lugar visible del local donde funciona la municipalidad respectiva.

Ley 17.235/69,
Art. 14º

Ley 19.388/95,
Art. 3º, Nº 5

Dentro del mismo plazo de diez días señalado en el inciso anterior, el alcalde hará publicar en un periódico de la localidad o, a falta de éste, en uno de circulación general en la comuna, un aviso en el que informará al público del hecho de encontrarse los roles de avalúos a disposición de los interesados para su examen y el plazo que durará dicha exhibición.

Ley 19.388/95,
Art. 3º, Nº 5

TÍTULO IV
DE LA TASA DEL IMPUESTO

Artículo 7º.- Las tasas del impuesto a que se refiere esta ley, serán las siguientes:

a) Bienes raíces agrícolas: 1 por ciento al año;

b) Bienes raíces no agrícolas: 1,4 por ciento al año, y

c) Bienes raíces no agrícolas destinados a la habitación: 1,2 por ciento al año, en la parte de la base imponible que no exceda de $ 37.526.739 del 1 de enero de 2003; y 1,4 por ciento al año, en la parte de la base imponible que exceda del monto señalado.

Si con motivo de los reavalúos contemplados en el artículo 3º de esta ley, el giro total nacional del impuesto aumenta más de un 10% en el primer semestre de la vigencia del nuevo avalúo, en relación con el giro total nacional que ha debido calcularse para el semestre inmediatamente anterior, aplicando las normas vigentes en ese período, las tasas del inciso anterior se rebajarán proporcionalmente de modo que el giro total nacional del impuesto no sobrepase el referido 10%, manteniéndose la relación porcentual que existe entre las señaladas tasas. Las nuevas tasas así calculadas regirán durante todo el tiempo de vigencia de los nuevos avalúos.

Asimismo, cada vez que se practique un reavalúo de la Serie No Agrícola, el monto señalado en la letra c) del inciso primero se reajustará en la misma proporción en que varíen en promedio los avalúos de los bienes raíces habitacionales.

Las tasas que resulten se fijarán por Decreto Supremo del Ministerio de Hacienda.

Con todo, sobre la más alta de las tasas así determinadas para la serie no agrícola, se aplicará una sobretasa de beneficio fiscal de 0,025 por ciento, que se cobrará conjuntamente con las contribuciones de bienes raíces.

NOTA:

El artículo 1° transitorio de la Ley 20033, publicada el 01.07.2005, dispone que la modificación de la presente norma, rige a contar del 01.01.2006.

NOTA 1

El Art. único del DTO 1456, publicado el 19.01.2006, modificó las tasas del impuesto territorial aplicables sobre los avalúos de los bienes raíces no agrícolas, de la siguiente forma:
"1.- 1,0% para los bienes raíces no agrícolas destinados a la habitación en la parte de la base imponible que no exceda de $51.416.601 del 1 de julio de 2005; y 1,2% en la parte de la base imponible que exceda el monto señalado.
2.- 1,2% a la base imponible de los bienes raíces no agrícolas no incluidos en el punto 1.
Estas tasas regirán durante todo el tiempo de vigencia de los nuevos avalúos de los bienes raíces no agrícolas determinados por el Servicio de Impuestos Internos."

NOTA 2

El Artículo Único del Decreto 1777, Hacienda, publicado el 05.02.2013, modifica la presente norma en el sentido de fijar la tasa del impuesto territorial, que corresponde aplicar sobre los avalúos de los bienes raíces no agrícolas, no habitacionales, con excepción de los estacionamientos y bodegas asociados a conjuntos habitacionales acogidos a la Ley N° 19.537 sobre Copropiedad Inmobiliaria, en 1,2% sobre la base imponible. Esta tasa regirá durante todo el tiempo de vigencia de los nuevos avalúos.

NOTA 3

El artículo primero del Decreto 5, Hacienda, publicado el 05.02.2014, modifica la presente norma en el sentido de fijar la tasa de impuesto territorial a que se refiere la letra b) del presente artículo en 1,143 % al año, aplicable a los bienes raíces no agrícolas correspondientes a sitios no edificados, propiedades abandonadas y pozos lastreros, como asimismo a estacionamientos y bodegas asociados a conjuntos habitacionales acogidos a la ley N° 19.537, sobre Copropiedad Inmobiliaria. Por su parte, el artículo segundo del señalado Decreto fijó la tasa de impuesto territorial a que se refiere la letra c), aplicable a los bienes raíces no agrícolas destinados a la habitación, en 0,980% al año, en la parte de la base imponible que no exceda del monto indicado en el mismo literal, y en 1,143% al año, en la parte de la base imponible que exceda el monto allí señalado.

NOTA 4

El artículo único del Decreto 159, Hacienda, publicado el 21.03.2015, modifica la presente norma en el sentido de fijar la tasa de impuesto territorial a que se refiere la letra b) del presente artículo en 1,20% al año, aplicable a los bienes raíces no agrícolas correspondientes a sitios no edificados, propiedades abandonadas y pozos lastreros, ubicados en las áreas urbanas. Tasa que regirá durante el tiempo de vigencia del avalúo fijado para el año 2015.

NOTA 5

El artículo 1° del Decreto 1, Hacienda, publicado el 12.02.2016, fija a contar del 1° de enero de 2016, la tasa del impuesto territorial a que se refiere la letra a) del presente artículo en 0,860% al año, aplicable a los bienes raíces agrícolas.

NOTA 6

El artículo 1° del Decreto 1, Hacienda, publicado el 12.02.2016, fija, a contar del 1° de enero de 2016, la tasa del impuesto territorial a que se refiere la letra b) del presente artículo, en 1,204% al año, aplicable a los bienes raíces no agrícolas correspondientes a sitios no edificados, propiedades abandonadas y pozos lastreros, ubicados en las áreas urbanas.

NOTA 7

El artículo 1° del Decreto 1886, Hacienda, publicado el 04.03.2017, fija a contar 1 de enero del año 2017, la tasa de impuesto territorial a que se refiere la letra b) del presente artículo, en un 1,212% al año, aplicable a los bienes raíces no agrícolas correspondientes a sitios no edificados, propiedades abandonadas y pozos lastreros, ubicados en áreas urbanas.

NOTA 8

El artículo 1° del Decreto 1, Hacienda, publicado el 15.02.2018, fija a contar del 1° de enero de 2018, la tasa del impuesto territorial a que se refiere la letra b) del presente artículo en un 1,138% al año, aplicable a los bienes raíces no agrícolas.

NOTA 9

El artículo 2° del Decreto 1, Hacienda, publicado el 15.02.2018, fija a contar del 1° de enero de 2018, la tasa del impuesto territorial a que se refiere la letra c) del presente artículo en un 0,975% al año, aplicable a los bienes raíces no agrícolas destinados a la habitación en la parte de la base imponible que no exceda el monto indicado en la referida letra; y en 1,138% al año, en la parte de la base imponible que lo exceda.

NOTA 10

El artículo 1° del Decreto 458, Hacienda, publicado el 02.04.2018, fija a contar del 1° de enero de 2018, la tasa del impuesto territorial a que se refiere la letra b) del presente artículo en un 1,088% al año, aplicable a los bienes raíces no agrícolas.

NOTA 11

El artículo 2° del Decreto 458, Hacienda, publicado el 02.04.2018, fija a contar del 1° de enero de 2018, la tasa del impuesto territorial a que se refiere la letra c) del presente artículo en un 0,933% al año, aplicable a los bienes raíces no agrícolas destinados a la habitación en la parte de la base imponible que no exceda el monto indicado en la referida letra; y en 1,088% al año, en la parte de la base imponible que lo exceda.

NOTA 12

El artículo 1° del Decreto 39, Hacienda, publicado el 23.03.2019, fija a contar del 01.01.2019, la tasa del impuesto territorial a que se refiere la letra b) del presente artículo en un 1,088% al año, aplicable a los bienes raíces no agrícolas correspondientes a sitios no edificados, propiedades abandonadas o pozos lastreros, ubicados en áreas urbanas.

NOTA 13

El numeral 1 del Decreto 342, Hacienda, publicado el 11.03.2021, fija a contar del 1 de enero de 2021, la tasa del Impuesto Territorial a que se refiere la letra b) del presente artículo en 1,131% al año, aplicable a los bienes raíces no agrícolas correspondientes a sitios no edificados, propiedades abandonadas o pozos lastreros, ubicados en áreas urbanas.

NOTA 14

El artículo 1° del Decreto 437, Hacienda, publicado el 12.04.2022, dispone fijar, a contar del 1° de enero del año 2022, la tasa de impuesto territorial a que se refiere la letra b) del presente artículo en 1,042% al año, aplicable a los bienes raíces no agrícolas. Por su parte, el artículo 2° del señalado decreto fija, a contar del 1° de enero del año 2022, la tasa de impuesto territorial a que se refiere la letra c) del presente artículo, en 0,893% al año, aplicable a los bienes raíces no agrícolas destinados a la habitación en la parte de la base imponible que no exceda el monto indicado en la resolución Ex. SII N°11 de 2022, del Servicio de Impuestos Internos y en 1,042% al año, en la parte de la base imponible que lo exceda.

NOTA 15

El artículo 1° del Decreto 226, Hacienda, publicado el 23.03.2023, fija a contar del 1 de enero de 2023, la tasa del impuesto territorial a que se refiere la letra b) del presente artículo en 1,137% al año, aplicable a los bienes raíces no agrícolas correspondientes a sitios no edificados, propiedades abandonadas o pozos lastreros, ubicados en áreas urbanas.

NOTA 16

El artículo 1° del Decreto 102, Hacienda, publicado el 07.03.2024, fija a contar del 1 de enero de 2024, la tasa del impuesto territorial a que se refiere la letra a) del presente artículo en 0,4% al año, aplicable a los bienes raíces agrícolas.

NOTA 17

El artículo 2° del Decreto 102, Hacienda, publicado el 07.03.2024, fija a contar del 1 de enero de 2024, la tasa del impuesto territorial a que se refiere la letra b) del presente artículo en 1,23% al año, aplicable a los bienes raíces no agrícolas correspondientes a sitios no edificados, propiedades abandonadas o pozos lastreros, ubicados en áreas urbanas.

Artículo 7° bis. Sobretasa de impuesto territorial. Establécese una sobretasa anual del impuesto territorial a beneficio fiscal calculada sobre el avalúo fiscal total en la parte que exceda de 670 unidades tributarias anuales, sujeta a las siguientes disposiciones.

Ley 21210
Art. vigésimo noveno a)
D.O. 24.02.2020

1. Contribuyente. Esta sobretasa aplicará a las personas naturales y jurídicas, y a las entidades sin personalidad jurídica, respecto de los bienes raíces de que sean propietarios conforme al registro de propiedad de bienes raíces del respectivo Conservador de Bienes Raíces.

No obstante lo anterior, no estarán gravados con esta sobretasa los bienes raíces de propiedad de los contribuyentes que tributen conforme al artículo 14 letra D) de la Ley sobre Impuesto a la Renta respecto de los bienes raíces, o parte de ellos, que destinen al negocio o giro de la empresa. Asimismo, tampoco estarán gravados con esta sobretasa los bienes raíces en que inviertan los fondos de pensiones conforme a la letra n) del artículo 45 del decreto ley N° 3.500, de 1980.

Tampoco estarán gravados con esta sobretasa los bienes sujetos a la aplicación del artículo 27 de esta ley.

Ley 21420
Art. 3 N° 1
D.O. 04.02.2022

2. Base imponible. Avalúo fiscal total. El avalúo fiscal total corresponde a la suma de los avalúos fiscales de cada uno de los bienes raíces de propiedad de un mismo contribuyente según su valor al 31 de diciembre del año anterior al que se devenga esta sobretasa. Tratándose de bienes raíces en donde se tiene una cuota del dominio en conjunto con otros copropietarios, se considerará únicamente la proporción en el avalúo fiscal equivalente a la cuota de dominio que le corresponda.

Para el cálculo del avalúo fiscal total no se considerará el monto del avalúo fiscal de un bien raíz en la misma proporción en que se encuentre exento, total o parcialmente, de impuesto territorial conforme al Cuadro Anexo de esta ley o por cualquier ley especial.

Por su parte, para el cálculo del avalúo fiscal total se considerará íntegramente el avalúo fiscal de los bienes raíces de la serie agrícola y no agrícola con destino habitacional, incluyendo en ambos casos el monto del avalúo exento de impuesto territorial que establece el artículo 2°.

El Servicio de Impuestos Internos podrá ejercer la facultad de fiscalización dispuesta en el artículo 70 de la Ley sobre Impuesto a la Renta para determinar el origen de los fondos con que se ha adquirido un bien raíz. Asimismo, podrá ejercer la facultad establecida en el artículo 64 del Código Tributario respecto de los actos y contratos celebrados para la adquisición de bienes raíces.

3. Tasa marginal por tramos. Una vez determinado el avalúo fiscal total en la forma prevista en el número anterior, la sobretasa se aplicará en forma marginal, considerando los siguientes tramos de avalúo fiscal total:

a) Sobre 670 unidades tributarias anuales y hasta 1.175 unidades tributarias anuales, la tasa será de 0,075%.

b) Sobre 1.175 unidades tributarias anuales y hasta 1.510 unidades tributarias anuales, la tasa será de 0,15%.

c) Sobre 1.510 unidades tributarias anuales, la tasa será de 0,425%.

Ley 21420
Art. 3 Nº 2
D.O. 04.02.2022

Los montos correspondientes a cada tramo de avalúo fiscal total se incrementarán en el mismo porcentaje en que se aumente el avalúo de la serie no agrícola en cada proceso de reavalúo que aplique el Servicio de Impuestos Internos de conformidad al artículo 3°. Este incremento de los tramos de avalúo fiscal total aplicará para la determinación de la sobretasa a partir de la vigencia del avalúo determinado a consecuencia del proceso de reavalúo.

Para la determinación de los tramos de avalúo fiscal total, la unidad tributaria anual se convertirá a su valor en pesos de diciembre del año anterior en que deba pagarse esta sobretasa.

4. Devengo y pago de la sobretasa. Esta sobretasa se devengará anualmente al 1° de enero, considerando los bienes raíces inscritos en el Conservador de Bienes Raíces a nombre del contribuyente al 31 de diciembre del año anterior. La sobretasa devengada al 1° de enero corresponderá a la sobretasa total para el contribuyente respecto del período anual entre el 1° de enero y el 31 de diciembre del año de devengo. En consecuencia, en caso que el contribuyente enajene un bien raíz durante el año, no se afectará la aplicación de la sobretasa devengada el 1° de enero del año respectivo.

El giro y pago de la sobretasa se realizará en la misma oportunidad aplicable al impuesto territorial según lo establecido en el artículo 22. Para estos efectos se reajustará el valor del avalúo fiscal total al 31 de diciembre del año anterior, de acuerdo a la norma de reajuste establecida en el artículo 9.

El Servicio de Impuestos Internos emitirá un giro de esta sobretasa junto con los roles semestrales de contribuciones. Dicho giro contendrá los datos indispensables establecidos en el artículo 18.

El contribuyente podrá reclamar de la sobretasa, sus fundamentos y su giro en conformidad al procedimiento a que se refiere el artículo 123 y siguientes del Código Tributario, salvo que lo reclamado se refiera al avalúo fiscal de un bien raíz que forma parte del avalúo fiscal total, en cuyo caso dicho reclamo deberá efectuarse de conformidad a lo dispuesto en los artículos 149 y siguientes del Código Tributario. En estos casos, lo resuelto será aplicable respecto del impuesto territorial y de la sobretasa.

5. Tratamiento tributario de la sobretasa. La presente sobretasa tendrá el mismo tratamiento tributario que aquel establecido en esta y otras leyes para el impuesto territorial.

En caso que un contribuyente sea propietario de bienes raíces que tengan distintos destinos y que, conforme a las disposiciones que resulten aplicables, den derecho a una rebaja del impuesto territorial como crédito, a una deducción del mismo como gasto o se encuentren afectos a un tratamiento tributario específico, según corresponda, el monto del crédito, del gasto, o de cualquier otro efecto tributario asociado al mismo, se aplicará proporcionalmente de acuerdo al valor del avalúo fiscal del bien raíz cuyo destino de derecho al crédito, a su rebaja como gasto o genere cualquier otro efecto, respecto del total del valor del avalúo fiscal de los bienes raíces que componen el avalúo fiscal total.

Artículo 8º.- Los bienes raíces no agrícolas afectos a impuesto territorial, ubicados en áreas urbanas, y que correspondan a sitios no edificados, propiedades abandonadas o pozos lastreros, pagarán una sobretasa del 100% respecto de la tasa vigente del impuesto. La referida sobretasa no se aplicará en áreas de extensión urbana o urbanizables, así determinadas por los respectivos instrumentos de planificación territorial.

Ley 20280
Art. 1° N° 2
D.O. 04.07.2008
Ley 21078
Art. tercero N°2 a)
D.O. 15.02.2018

Con todo, esta sobretasa no se aplicará a los inmuebles localizados fuera de los límites del área geográfica donde se prestan los servicios públicos de distribución de agua potable y de recolección de aguas servidas. Dicha situación deberá acreditarse por el dueño u ocupante del inmueble ante la respectiva municipalidad mediante la presentación de certificado expedido por la empresa concesionaria correspondiente.

Ley 21078
Art. tercero N°2 b)
D.O. 15.02.2018

En los casos en que, con motivo de un siniestro o por causa no imputable al propietario u ocupante, se produzca la demolición total de las construcciones de un inmueble, o quede inhabilitado para ser utilizado, la sobretasa a que se refiere el inciso primero de este artículo sólo se aplicará transcurrido el plazo de diez años contado desde la fecha en que se verificó el hecho constitutivo del siniestro.

Para la aplicación de esta sobretasa y de lo dispuesto en el artículo 3° de la presente ley, los municipios deberán informar al Servicio de Impuestos Internos, la nómina de propiedades a que se refieren los incisos primero y segundo de este artículo, en la forma y plazo que dicho Servicio determine.

Ley 21078
Art. tercero N°2 c)
D.O. 15.02.2018

NOTA:
El Art. primero de la Ley 20280, publicada el 04.07.2008, dispuso que las modificaciones introducidas en el presente artículo tendrán la misma vigencia que las introducidas en esta ley por los Arts. 1° y 2° de la Ley 20233, vale decir, rigen a contar del 1° de enero de 2006.

TÍTULO V
DE LOS ROLES DE AVALÚOS Y DE CONTRIBUCIONES

PÁRRAFO 1°
DE LOS REAJUSTES SEMESTRALES

Ley 19.388/95,
Art. 3°, N° 9

Artículo 9º.- Los avalúos de los bienes raíces agrícolas y no agrícolas y los montos exentos, vigentes al 31 de diciembre y al 30 de junio de cada año, se reajustarán semestralmente a contar del 1 de enero y 1 de julio, respectivamente, en el mismo porcentaje que experimente la variación del Índice de Precios al Consumidor, calculado por el Instituto Nacional de Estadísticas, en el semestre inmediatamente anterior a aquel en que deban regir los avalúos reajustados.

Ley 17.235/69,
Art. 25º
D.L. 2.325/78,
Art. 3º
D.L. 2.754/79,
Art. 2º
Ley 19.388/95,
Art. 3º, Nº 9

No obstante, el Presidente de la República podrá suspender la aplicación de los reajustes a que se refiere el inciso anterior para el segundo semestre de cualquier año. En tal caso, se aplicará a contar del 1º de enero del año siguiente, con el Índice acumulado al 31 de diciembre del año anterior.

D.L. 2.325/78,
Art. 1º, inciso segundo

PÁRRAFO 2º
DE LAS MODIFICACIONES DE AVALÚOS Y DE OTROS FACTORES

Ley 17.235/69,
Título V,

Artículo 10º.- Los avalúos o contribuciones de los bienes raíces agrícolas y no agrícolas serán modificados por el Servicio de Impuestos Internos, por las siguientes causales:

Párrafo 2º
Ley 19.388/95,
Art. 3º, Nº 10

a) Errores de transcripción y copia, entendiéndose por tales los producidos al pasar los avalúos, de los registros o de los fallos de los reclamos de avalúos a los roles de avalúos o contribuciones;

Ley 17.235/69,
Art. 28º
Ley 19.388/95,
Art. 3º, Nº 11, letra a)

b) Errores de cálculo, entendiéndose por tales los que pudieren cometerse en las operaciones aritméticas practicadas para determinar tanto la superficie del inmueble, como su avalúo, o su reajuste;

Ley 19.388/95,
Art. 3º, Nº 11, letra b)

c) Errores de clasificación, como por ejemplo los siguientes: atribuir la calidad de regados a terrenos de rulo, o de planos a los de lomaje, de concreto a las construcciones de otro material, etc.;

d) Cambio de destinación del predio que importe un cambio de la serie en que hubiere sido incluido de acuerdo al artículo 1°, o un cambio de destino o uso dentro de la misma serie, que implique alteración en el avalúo o en las contribuciones;

Ley 19.388/95,
Art. 3°, N° 11, letra c)

e) Siniestros u otros factores que disminuyan considerablemente el valor de una propiedad, por causas no imputables al propietario u ocupante;

Ley 19.388/95,
Art. 3°, N° 11, letra d)

f) Omisión de bienes en la tasación del predio de que forman parte, y

Ley 19.388/95,
Art. 3°, N° 11, letra e)

g) Error u omisión en el otorgamiento de exenciones.

Ley 19.388/95,
Art. 3°, N° 11, letra f)

Artículo 11°.- Los avalúos de los bienes raíces agrícolas serán modificados por el Servicio de Impuestos Internos, por las siguientes causales, además de las señaladas en el artículo anterior.

Ley 17.235/69,
Art. 29°

a) Construcción de nuevas casas patronales, cuyo valor exceda de $289.644, cantidad que se reajustará en la forma indicada en el artículo 9° de esta ley, a contar del 1° de julio de 1980.

D.L. 3.256/80,
Art. 7°
Ley 18.388/95,
Art. 3°, N° 9

b) Alteración de la capacidad potencial de uso actual del suelo agrícola, por hechos sobrevinientes, de cualquier naturaleza y de carácter permanente a menos de que se trate de obras que beneficien de un modo general a una región, las cuales deberán considerarse en una tasación general, o que se trate de las mejoras costeadas por los particulares que señala el inciso 8° del artículo 1°;

En el caso de los bienes contemplados en el inciso sexto del artículo 1°, serán causales de modificación de los avalúos las señaladas en los artículos 10° y 12°.

Artículo 12°.- Los avalúos de los bienes raíces no agrícolas serán modificados por el Servicio de Impuestos Internos por las siguientes causales, además de las señaladas en el artículo 10°:

Ley 17.235/69,
Art. 30°

a) Nuevas construcciones e instalaciones;

b) Ampliaciones, rehabilitaciones, reparaciones y transformaciones, siempre que no correspondan a obras de conservación, como el reemplazo de los revestimientos exteriores o interiores, cielos, pinturas o pavimentos por otros similares a los reemplazados;

Ley 19.388/95,

Art. 3°, N° 12, letra a)

c) Demolición total o parcial de construcciones;

d) Nuevas obras de urbanización que aumenten el valor de los bienes tasados, y

Ley 19.388/95,
Art. 3°, N° 12, letra b)

e) Divisiones o fusiones de predios, siempre que signifiquen un cambio en el valor del bien raíz.

Ley 19.388/95,
Art. 3°, N° 12, letra c)

Artículo 13°.- Las modificaciones de avalúos o de contribuciones regirán desde el 1° de enero del año siguiente a aquél en que ocurra el hecho que determine la modificación, o en caso de no poderse precisar la fecha de ocurrencia del hecho, desde el 1° de enero del año siguiente a aquél en que el Servicio constate la causal respectiva.

Ley 17.235/69,
Art. 31°
Ley 19.388/95,
Art. 3°, N° 13,

Las modificaciones de avalúos a que se refieren las letras a), b), c) y f), del artículo 10°, regirán desde la misma fecha en que estuvo vigente el avalúo que contenía el error o la omisión.

No obstante lo dispuesto en el inciso primero de este artículo, las modificaciones a que se refieren las letras e) del artículo 10° y c) del artículo 12°, regirán desde el 1° de enero del año en que ocurra la causal siempre que se soliciten dentro de ese mismo año. En virtud de estas rebajas no procederá la devolución de impuestos.

Ley 17.564/71,
Art. 34°

Lo anterior sin perjuicio de la prescripción que establece el artículo 2521° del Código Civil y artículo 200° del Código Tributario.

Artículo 14°.- Los predios omitidos en los roles de avalúos o contribuciones serán incluidos desde la fecha en que se hayan omitido, sin perjuicio de la prescripción que corresponda.

Ley 17.235/69,
Art. 32°

Artículo 15°.- Tratándose de nuevas obras, se entenderá que el hecho que causa la modificación de avalúo, se produce cuando ellas se encuentren terminadas.

Ley 17.235/69,
Art. 33°

Se podrán avaluar parcialmente los pisos de un edificio de departamentos, aunque no se haya dado fin a la construcción total de dicho edificio.

Se entenderán terminadas las obras cuando se encuentren en condiciones de ser usadas.

Los edificios que permanecieren sin concluir o reparar, después de expirados los plazos que para ello hubiere concedido la Municipalidad, serán considerados como sitios eriazos para los efectos del pago del impuesto territorial que los afecte.

Ley 19.388/95,

Art. 3°, N° 14

Artículo 16°.- Los roles definitivos de los avalúos de los bienes raíces del país, deberán ser mantenidos al día por el Servicio de Impuestos Internos, utilizando, entre otras fuentes:

Ley 17.235/69,
Art. 35°
Ley 19.388/95,
Art. 3°, N° 16, letras a) y b)

1) La información que emane de las escrituras públicas de transferencia y de las inscripciones que se practiquen en los registros de los conservadores de bienes raíces. Para estos efectos, las notarías y los conservadores de bienes raíces deberán proporcionar al Servicio de Impuestos Internos la información que se les solicite en la forma y plazo que este Servicio determine, y

2) La información que deberán remitirle las respectivas municipalidades, relativa a permisos y recepciones de construcciones, loteos y subdivisiones, patentes municipales, concesiones de bienes municipales o nacionales de uso público entregados a terceros y aprobaciones de propiedades acogidas a la ley sobre Copropiedad Inmobiliaria, en la forma y plazo que este Servicio determine.

Ley 19.537/97,
Art. 50°

3) La información que aporten los propietarios de bienes raíces, en la forma y plazo que el Director del Servicio determine. Para recoger esta información, el Servicio de Impuestos Internos facilitará el cumplimiento tributario a través de los mecanismos disponibles al efecto. Esta información no debe implicar costos para el propietario.

Ley 20033
Art. 1° N° 5
D.O. 01.07.2005

NOTA:
El artículo 1° transitorio de la Ley 20033, publicada el 01.07.2005, dispone que la modificación de la presente norma, rige a contar del 01.01.2006.

Artículo 17°.- Los contribuyentes que se consideren perjudicados por las modificaciones individuales de los avalúos de sus predios, efectuadas en conformidad al Párrafo 2° del presente Título podrán reclamar de ellas con arreglo a las normas establecidas en el Título III del Libro Tercero del Código Tributario.

Ley 17.235/69,
Art. 37°

PÁRRAFO 3°
DE LOS ROLES DE CONTRIBUCIONES

Artículo 18°.- Sobre la base de los avalúos vigentes para cada semestre, consideradas las modificaciones a que se refieren los artículos 10° y siguientes y las exenciones del Cuadro Anexo, el Servicio de Impuestos Internos emitirá, por comunas, un rol de cobro del impuesto a los bienes raíces, que se denominará

Ley 17.235/69,

Art. 38°
Ley 19.388/95,
Art. 3°, N° 17

"Rol Semestral de Contribuciones", y que contendrá, además de los datos indispensables para la identificación del predio, su avalúo, la exención si tuviere, y el impuesto.

Ley 20280
Art. 1° N° 3
D.O. 04.07.2008

NOTA:
El Art. primero de la Ley 20280, publicada el 04.07.2008, dispuso que la modificación introducida en el presente artículo tendrá la misma vigencia que las introducidas en esta ley por los Arts. 1° y 2° de la Ley 20233, vale decir, rige a contar del 1° de enero de 2006.

Artículo 19°.- El Servicio de Impuestos Internos hará efectivas las variaciones que se determinen respecto de los impuestos y la sobretasa establecida en el artículo 7° bis contenidas en los roles semestrales de contribuciones y en los giros a que se refiere el N° 4 del artículo 7° bis, mediante roles o giros suplementarios o de reemplazo.

Ley 21210
Art. vigésimo noveno b)
D.O. 24.02.2020

Los roles suplementarios contendrán las diferencias de impuesto territorial y los giros suplementarios las diferencias de la sobretasa establecida en el artículo 7° bis, provenientes de modificaciones que importen un mayor pago de impuesto territorial o de la sobretasa, respecto de lo que figure en los roles o giros semestrales. Por su parte, los roles de reemplazo contendrán aquellas modificaciones que signifiquen una rebaja del impuesto territorial y los giros de reemplazo aquellas que signifiquen una rebaja de la sobretasa, respecto de lo que figure en los giros semestrales. En el caso de roles o giros de reemplazo, se incluirá el total del nuevo monto por cobrar.

El impuesto territorial y la sobretasa establecida en el artículo 7° bis que deban pagarse retroactivamente, se girarán, sobre la base del avalúo que corresponda al semestre en que se realice el giro y su retroactividad no podrá ser superior a tres años contados desde que se notifique el rol o giro semestral, suplementario o de reemplazo, según corresponda.

Artículo 20°.- Las exenciones de contribuciones tendrán efecto desde el 1° de enero siguiente a la fecha en que las propiedades cumplan las condiciones de la franquicia. Si el interesado no hubiere pedido en su oportunidad la exención, en ningún caso podrá ésta otorgarse con anterioridad al rol vigente.

Ley 17.235/69,
Art. 41°

Artículo 21°.- El Servicio de Impuestos Internos remitirá a cada municipalidad los roles semestrales, suplementarios y de reemplazos y un cuadro resumen por comuna, que contendrá, distribuido por clasificaciones, el avalúo total, las exenciones y el impuesto.

Ley 17.235/69,
Art. 42°

Ley 19738
Art. 7° a)
D.O. 19.06.2001

Respecto de la Tesorería General de la República, el Servicio de Impuestos Internos le remitirá la información necesaria para el cumplimiento de sus fines propios.

Ley 19738
Art. 7° b)
D.O. 19.06.2001

Artículo 22º.- El impuesto territorial anual será pagado en cada año en cuatro cuotas en los meses de abril, junio, septiembre y noviembre, a menos que el Presidente de la República fije otras fechas con arreglo a la facultad que le confiere el artículo 36º del Código Tributario. Sin embargo, el contribuyente podrá pagar durante el mes de abril, los impuestos correspondientes a todo el año.

Ley 17.235/69,
Art. 43°
D.L. 54/73,
Art. 5°, N° 2
D.L. 2.325/78,
Art. 2°
Ley 19.388/95,
Art. 3°, N° 20

Artículo 23º.- Los impuestos incluidos en los roles suplementarios y de reemplazos a que se refiere el artículo 19º, serán pagados en los meses de junio y diciembre de cada año e incorporarán las modificaciones establecidas en resoluciones notificadas hasta el 30 de abril y 31 de octubre, respectivamente, del semestre en que deban pagarse los impuestos.

Ley 17.235/69,
Art. 44°
Ley 19.388/95,
Art. 3°, N° 21

No obstante lo señalado en el inciso anterior, el Director Nacional del Servicio de Impuestos Internos estará facultado para dividir el pago de los impuestos indicados en parcialidades por pagarse conjuntamente con las contribuciones futuras, en un plazo máximo de dos años.

La sobretasa establecida en el artículo 7° bis, incluida en los giros suplementarios y de reemplazo a que se refiere el artículo 19, será pagada en los meses de junio y diciembre de cada año e incorporará las diferencias establecidas en las resoluciones notificadas hasta el 30 de abril y 31 de octubre, respectivamente, del año en que deba pagarse.

Ley 21210
Art. vigésimo noveno c)
D.O. 24.02.2020

Asimismo, la inscripción de nuevas propiedades en los roles de avalúos y contribuciones correspondientes deberá efectuarse, a más tardar, en el año siguiente de recibido, por parte del Servicio de Impuestos Internos, el certificado de recepción final emitido por la municipalidad respectiva.

Artículo 24º.- En la provincia de Aysén el pago se hará por semestres en los meses de marzo y noviembre de cada año.

Ley 17.235/69,

Art. 45°

Sin embargo, no se cobrará intereses penales ni multa con relación a los impuestos del primer semestre, a los contribuyentes morosos que paguen la anualidad completa.

TÍTULO VI
DE LOS OBLIGADOS AL PAGO DEL IMPUESTO

Artículo 25°.- El impuesto a los bienes raíces será pagado por el dueño o por el ocupante de la propiedad, ya sea éste usufructuario, arrendatario o mero tenedor, sin perjuicio de la responsabilidad que afecte al propietario. No obstante, los usufructuarios, arrendatarios y, en general, los que ocupen una propiedad en virtud de un acto o contrato que no importe transferencia de dominio, no estarán obligados a pagar el impuesto devengado con anterioridad al acto o contrato.

Ley 17.235/69,
Art. 46°

Efectuado el pago por el arrendatario, éste quedará autorizado para deducir la suma respectiva de los cánones de arrendamiento.

Artículo 26°.- Cuando una propiedad raíz pertenezca a dos o más dueños en común, cada uno de ellos responderá solidariamente del pago de los impuestos, sin perjuicio de que éstos sean divididos entre los propietarios, a prorrata de sus derechos en la comunidad.

Ley 17.235/69,
Art. 47°

Si un bien raíz pertenece a una sociedad o persona jurídica, los administradores, gerentes o directores, serán responsables solidariamente del pago del impuesto, sin perjuicio de sus derechos contra el deudor principal.

Artículo 27°.- El concesionario u ocupante por cualquier título, de bienes raíces fiscales, municipales o nacionales de uso público, pagará los impuestos correspondientes al bien raíz ocupado.

Ley 17.235/69,
Art. 48°

Todo arrendatario de un bien raíz fiscal queda obligado a pagar las contribuciones territoriales durante todo el plazo del arrendamiento y mientras esté ocupando materialmente el predio.

Conjuntamente con el pago de las rentas deberá comprobarse el cumplimiento oportuno de esta obligación tributaria.

Lo dispuesto en el presente artículo no se aplicará con respecto de los predios fiscales y municipales en los cuales, por razones inherentes a sus cargos, estén obligados a residir funcionarios públicos o municipales, en la forma que se señala en la letra A) del Párrafo I. del Cuadro Anexo de la presente ley.

Ley 20280
Art. 1° N° 4
D.O. 04.07.2008

NOTA:
El Art. primero de la Ley 20280, publicada el 04.07.2008, dispuso que las modificaciones introducidas en el presente artículo tendrán la misma vigencia que las introducidas en esta ley por los Arts. 1° y 2° de la Ley 20233, vale decir, rigen a contar del 1° de enero de 2006.

TÍTULO VII
DISPOSICIONES VARIAS

Artículo 28°.- Los contribuyentes y las personas tenedoras de predios estarán obligados a facilitar la visita y mensura de los inmuebles y a suministrar al Servicio de Impuestos Internos, los datos que éste solicite, relacionados con la estimación y descripción de ellos.

Ley 17.235/69,
Art. 53°

Los contribuyentes, notarios y conservadores deberán entregar al Servicio de Impuestos Internos, por medios electrónicos, la información que dispongan en relación a la determinación del impuesto territorial y la sobretasa establecida en el artículo 7° bis, según lo determine el Servicio mediante resolución.

Ley 21210
Art. vigésimo noveno d)
D.O. 24.02.2020

Artículo 29°.- El Servicio de Impuestos Internos tendrá a su cargo la aplicación de la presente ley.

Ley 17.235/69,
Art. 56°

ARTÍCULOS TRANSITORIOS

Artículo 1°.- La tasa del quince por mil anual establecida en el artículo 7° de esta ley, entrará a regir en cada comuna y respecto de cada serie de bienes raíces junto con la vigencia del primer reavalúo que respecto de cada comuna y cada serie practique el Servicio.

Ley 17.235/69,
Art. 15°
Ley 18.627/87,
Art. único, letra B) N° 2
Ley 18.959/90,
Art. 15°
DFL. 11, Hda.,
1990, Art. 1°
Ley 19.000/90,
Art. 2°
Ley 19.339/94
Art. 3°
DFL. 1, Hda.,
Art. 1°
Ley 19.380/95,
Arts. 2°, 3° y 6°
Ley 19.395/95,
Art. único

Entretanto la tasa aplicable será el veinte por mil anual, salvo respecto de los bienes raíces no agrícolas de las comunas en las cuales los alcaldes hayan hecho uso de la facultad que les confiere el artículo 2° de la ley N° 19.380, de 1995, 31.3.95, y hayan adelantado la vigencia de los reavalúos de los bienes raíces no agrícolas que de acuerdo a lo dispuesto en el artículo 1° de la citada ley N° 19.380 se encuentra suspendida hasta el 1° de enero del año 2000, en cuyo caso, a contar de la vigencia de cada uno de estos reavalúos y hasta que entre a regir el próximo reavalúo de estos bienes a que se refiere el artículo 2° transitorio de la señalada ley 19.380, las tasas para estos bienes raíces no agrícolas será del catorce por mil anual, excepto para los destinados a la habitación con un avalúo igual o menor a $25.000.000.- caso en que esta tasa será de un doce por mil anual.

El monto de $25.000.000.- establecido en el inciso segundo se reajustará a contar del 1° de enero de 1995, en la forma establecida en el artículo 9° de esta ley.

Ley 19.380/95,
Art. 4°

Los bienes raíces no agrícolas afectados por la tasa del catorce por mil anual a que se refiere el inciso segundo, estarán, además, gravados con una sobretasa a beneficio fiscal del cero coma veinticinco por mil anual, que tendrá la misma vigencia que la tasa del catorce por mil a la cual accede.

Ley 19.395/95,
Art. único

Durante el mismo período señalado en el inciso segundo, el avalúo exento a que se refiere el inciso cuarto del artículo 2° de esta ley, que debe considerarse respecto de los bienes raíces no agrícolas destinados a la habitación, en las comunas en que los alcaldes hayan adelantado la vigencia de los reavalúos, será de $7.000.000.-, cantidad que se reajustará a contar del 1° de enero de 1995, en la forma indicada en el artículo 9° de esta ley.

D.L. 1754/77,
Art. 5°, inciso primero
Ley 19.380/95,
Arts. 2° y 4°

Los bienes raíces no agrícolas estarán afectos, hasta que entre a regir en cada comuna el reavalúo practicado por el Servicio de Impuestos Internos conforme a lo dispuesto en el artículo 3° de la ley N° 19.000, a la tasa adicional establecida por el artículo 3° de la ley N° 18.206, considerando el monto del avalúo exceptuado vigente al 30 de junio de 1990, ascendente a $6.976.089.- según lo dispuesto en el artículo 4° de la ley N° 18.591, siéndole aplicable a dicho monto el reajuste indicado en el artículo 9° de esta ley.

Ley 18.206/83,
Art. 3°
Ley 18.591/87,
Art. 4°
Ley 18.627/87,
Art. único, letra c)
Ley 19.000/90,
Arts. 2°, inciso tercero, y 3°
Ley 19.380/95,
Arts. 3° y 6°

Artículo 2°.- Suspéndese sin perjuicio de lo establecido en el artículo 1° transitorio de la ley N° 19.380, la entrada en vigencia del reavalúo de los bienes raíces no agrícolas practicado por el Servicio de Impuestos Internos, conforme lo dispuesto en el artículo 3° de la ley N° 19.000, hasta el 1° de enero del año 2000.

Ley 19.380/95,
Art. 1°

No obstante lo dispuesto en el inciso precedente, los alcaldes, con acuerdo del Concejo y mediante decreto publicado en el Diario Oficial, podrán adelantar la fecha de vigencia del reavalúo a que se refiere el inciso primero.

Ley 19.380/95,
Art. 2°

El referido decreto deberá ser publicado a más tardar con 30 días de anticipación al semestre determinado para la entrada en vigencia del reavalúo de la comuna respectiva.

Los nuevos avalúos señalados en este artículo, considerando las modificaciones a que se refiere la ley N° 17.235, ocurridas hasta la respectiva entrada en vigencia del reavalúo, se reajustarán, a contar del 1° de enero de 1995, en la misma forma y porcentaje que los avalúos fiscales de los bienes raíces.

Ley 19.380/95,
Art. 4°

La exhibición de los roles de avalúo, a que se refiere el artículo 6° de esta ley deberá iniciarse en los 30 días siguientes a la publicación a que se refiere el inciso tercero de este artículo, que informa la fecha de entrada en vigencia del reavalúo de la comuna respectiva.

Ley 19.339/94,
Art. Transitorio.
Ley 19.380/95,
Art. 7°

El próximo reavalúo de los bienes raíces no agrícolas no podrá efectuarse antes del 1° de enero del año 2000, y comprenderá todas las comunas del país, sin considerar el lapso en que hubiere regido el reavalúo que disponen los incisos primero y segundo de este artículo.

Ley 19.380/95,
Art. 2° Transitorio

Restablécense, desde el 1° de enero de 1995 y hasta que entren en vigencia los nuevos avalúos de las comunas respectivas, los avalúos de los predios no agrícolas vigentes al 31 de diciembre de 1994.

Ley 19.000/90,
Art. 2°, incisos primero y segundo.
Ley 19.380/95,
Art. 6°

Será aplicable a los avalúos señalados en el inciso anterior, desde el 1° de enero de 1995, el reajuste que dispone el artículo 9° de esta ley.

Artículo 3°.- El aumento de contribuciones de las propiedades habitacionales de las comunas en que se aplique el reavalúo no agrícola practicado por el Servicio de Impuestos Internos conforme a lo dispuesto en el artículo 3° de la ley N° 19.000, en la parte que excede al 25% de la cuota base, se incorporará semestralmente en razón de hasta un 5%, calculando dicho incremento sobre la cuota base de cada propiedad.

Ley 19.380/95,

Art. 5°

Se considerará para este cálculo la primera cuota que deba pagarse desde que rija el reavalúo, en relación con la que debió pagarse en el último período legal antes que rija dicho reavalúo, reajustando esta última en el mismo porcentaje que haya experimentado la variación del Indice de Precios al Consumidor en el semestre inmediatamente anterior al reavalúo. Para los efectos de lo dispuesto en el presente artículo, esta última cuota reajustada se denominará cuota base.

Respecto de las propiedades que por encontrarse exentas de impuesto territorial no tengan cuota base, para los efectos de esta disposición se considerará como tal la suma de $2.000. Esta cantidad, como asimismo la cuota base señalada en el inciso anterior, se reajustarán a contar del 1° de enero de 1995 en el mismo porcentaje que los avalúos de los bienes raíces.

Artículo 4°.- Las modificaciones introducidas por el N° 3 del artículo 3° de la ley N° 19.388 al artículo 3° de la ley N° 17.235, regirán a contar de la entrada en vigencia de la primera tasación de los bienes raíces, agrícolas y no agrícolas, que se efectúe con posterioridad a la promulgación de la referida ley N° 19.388.

Ley 19.388/95,
Art. 1°

TRANSITORIO

Tómese razón, regístrese, comuníquese y publíquese.- EDUARDO FREI RUIZ-TAGLE, Presidente de la República.- Eduardo Aninat Ureta, Ministro de Hacienda.

Lo que transcribo a Ud. para su conocimiento.- Saluda a Ud., Manuel Marfán Lewis, Subsecretario de Hacienda.

CUADRO ANEXO

Nómina de Exenciones al Impuesto Territorial

I. EXENCIÓN DEL 100%

Ley 20033
Art. 2°
D.O. 01.07.2005

A) Las siguientes Personas Jurídicas:

1) Fisco, con excepción de los bienes raíces de las sedes matrices de los Poderes Ejecutivo, Legislativo y Judicial, de los Ministerios, Servicios Públicos, Intendencias y Gobernaciones, y los casos en que cabe aplicar el artículo 27° de la presente ley. En todo caso, dicho artículo no será aplicable a las propiedades fiscales en las cuales, por razones inherentes a sus cargos, estén obligados a residir funcionarios públicos.

Ley 20280
Art. 1° N° 5 a)
D.O. 04.07.2008

2) Municipalidades, excepto en los casos señalados en el artículo 27° de la presente ley. En todo caso, dicho artículo no será aplicable a las propiedades municipales en las cuales, por razones inherentes a sus cargos, estén obligados a residir funcionarios municipales.

Ley 20280
Art. 1° N° 5 b)

D.O. 04.07.2008

B) Los siguientes Bienes Raíces mientras se cumpla la condición que en cada caso se indica:

1) Establecimientos educacionales, municipales, particulares y particulares subvencionados, de educación prebásica, básica y media, reconocidos por el Ministerio de Educación, y los Seminarios asociados a un culto religioso, todos ellos, en la parte destinada exclusivamente a la educación.

2) Universidades, Institutos Profesionales y Centros de Formación Técnica, reconocidos por el Ministerio de Educación, de carácter público o privado, respecto de los bienes raíces de su propiedad destinados a educación, investigación o extensión, y siempre que no produzcan renta por actividades distintas a dichos objetos.

3) Bienes raíces que cumplan con las disposiciones del artículo 73° de la ley N° 19.712, del Deporte. No obstante, los recintos deportivos de carácter particular sólo estarán exentos mientras mantengan convenios para el uso gratuito de sus instalaciones deportivas con colegios municipalizados o particulares subvencionados, convenios que para tal efecto deberán ser refrendados por la respectiva Dirección Provincial de Educación y establecidos en virtud del Reglamento que para estos efectos fije el Ministerio de Educación y el Instituto Nacional del Deporte.

4) Cementerios Fiscales y Municipales. Los cementerios de propiedad particular estarán afectos al impuesto territorial solo por las edificaciones destinadas a la administración de la actividad, y por los terrenos disponibles para sepulturas y equipamiento anexo, que no se encuentren habilitados para ello.

5) Templos y sus dependencias destinados al servicio de un culto, como asimismo las habitaciones anexas a dichos templos ocupadas por los funcionarios del culto y siempre que no produzcan renta.

6) Bienes raíces que cumplan con las disposiciones de la ley N° 19.418, sobre Organizaciones Comunitarias.

7) Bienes raíces de las misiones diplomáticas extranjeras, cuando pertenezcan al Estado respectivo.

8) Corporación Financiera Internacional, su sede matriz.

9) Fondo Naciones Unidas para la Infancia (UNICEF), su sede matriz.

10) Bienes raíces de la Organización Europea para la Investigación Astronómica del Hemisferio Austral, del Carnegie Institution of Washington, del National Optical Astronomy Observatory y la Associated Universities Inc.

(AUI).

Ley 20280
Art. 1° N° 5 c)
D.O. 04.07.2008

11) Bienes raíces que cumplan con las disposiciones de la ley N° 19.253, sobre Tierras Indígenas.

12) Bienes raíces declarados monumentos históricos o públicos, acreditados por el Consejo de Monumentos Nacionales, cuando no estén destinados a actividades comerciales.

13) Terrenos que cumplan con las disposiciones del Decreto ley N° 701 de 1974, sobre Fomento Forestal, en la forma y plazos establecidos en dicho cuerpo legal.

Ley 20280
Art. 1° N° 5 d)
D.O. 04.07.2008

14) Bienes raíces de propiedad de los Cuerpos de Bomberos, de Voluntarios de los Botes Salvavidas y de Socorro Andino, que cuenten con personalidad jurídica.

Ley 20280
Art. 1° N° 5 e)
D.O. 04.07.2008

15) Bienes raíces ubicados en las comunas de Porvenir y Primavera y en la XII Región de Magallanes y la Antártica Chilena, de conformidad con las disposiciones de las leyes N° 19.149 y 18.392, modificada por la ley N° 19.606, respectivamente.

16) Bienes raíces situados en la comuna de Isla de Pascua.

Ley 20280
Art. 1° N° 5 f)
D.O. 04.07.2008

17) Caja de Previsión de la Defensa Nacional y Dirección de Previsión de Carabineros de Chile.

18) Bienes raíces del patrimonio de afectación de la Dirección de Bienestar de las Fuerzas Armadas, Carabineros de Chile y la Policía de Investigaciones de Chile.

19) Aeródromos pertenecientes a la Federación Aérea de Chile y Clubes Aéreos, en la parte correspondiente exclusivamente al sector de pistas de aterrizaje y las instalaciones anexas necesarias para su operación.

20) Fundación Chile, su sede Matriz.

21) Establecimientos de Larga Estadía de Adultos Mayores calificados mediante resolución dictada por el Ministerio de Hacienda, que atiendan principalmente a personas vulnerables y dependientes, conforme a la certificación otorgada por el Servicio Nacional del Adulto Mayor, en la parte destinada a atender a dichas personas, siempre que los establecimientos no generen rentas por actividades distintas al objetivo señalado y cuyo administrador sea una persona jurídica sin fines de lucro, propietaria del inmueble o que lo ocupe a título gratuito.

Ley 21210
Art. vigésimo noveno e)
D.O. 24.02.2020
Ley 21306
Art. 73
D.O. 31.12.2020

En caso que, concedida la exención, el Servicio de Impuestos Internos constate y declare fundadamente el incumplimiento de los requisitos señalados, podrá dejar sin efecto la exención, y girar los impuestos que corresponda por el o los años en que se verificó el incumplimiento.

C) Los Bienes Raíces de propiedad de las siguientes agrupaciones, siempre que cuenten con personalidad jurídica, que estén destinados al servicio de sus miembros y no produzcan renta por actividades distintas a dicho objeto:

1) Agrupación Nacional de Empleados Fiscales (ANEF).

2) Sedes matrices de las Asociaciones Nacionales de Empleados de Servicios Públicos.

3) Sindicatos y Agrupaciones de Sindicatos.

4) Sedes Sociales de Instituciones Gremiales del Magisterio e Instituciones de Profesores Jubilados.

5) Sedes Sociales de Asociaciones Gremiales de Profesionales.

6) Sedes Sociales de Asociaciones de Pensionados y Montepiados.

7) Sedes Sociales de instituciones del personal en retiro y/o en servicio activo de las Fuerzas Armadas y Carabineros de Chile.

8) Sedes sociales de instituciones de Socorros Mutuos, y de las federaciones y confederaciones de las mismas.

Ley 20280
Art. 1° N° 5 g)
D.O. 04.07.2008

D) Los Bienes Raíces de propiedad de las siguientes instituciones, siempre que cuenten con personalidad jurídica, que estén destinados al fin de beneficencia establecido en sus estatutos y no produzcan renta por actividades distintas a dicho objeto:

Ley 20280
Art. 1° N° 5 h)
D.O. 04.07.2008

1) Consejo Nacional de Protección a la Ancianidad.
2) Instituciones de ayuda a personas con Deficiencia Mental.
3) Establecimientos destinados a proporcionar auxilio o habitación gratuita a los indigentes o desvalidos.

Ley 20280
Art. 1° N° 5 i)
D.O. 04.07.2008

4) Liga Marítima de Chile.
5) Sociedad Protectora de Animales Benjamín Vicuña Mackenna.
6) Sociedad Protectora de Estudiantes Pobres de San Carlos, respecto de su propiedad ubicada en la calle Maipú N° 702, comuna de San Carlos.

Ley 20280
Art. 1° N° 5 j)
D.O. 04.07.2008

E) A los siguientes Concesionarios, mientras se cumpla la condición que en cada caso se indica:

Ley 20280
Art. 1° N° 5 k)
D.O. 04.07.2008

1) Concesionarios de islas o partes del Territorio Antártico Chileno.
2) Concesionarios de Caletas de Pescadores Artesanales, inscritas en la Subsecretaría de Pesca.

II. EXENCIÓN DEL 75%

A) Los Bienes Raíces de propiedad de las siguientes instituciones, siempre que cuenten con personalidad jurídica, que estén destinados al fin de beneficencia establecido en sus estatutos y no produzcan renta por actividades distintas a dicho objeto:

Ley 20280
Art. 1° N° 5 l)
D.O. 04.07.2008

1) Fundación de Beneficencia Hogar de Cristo.
2) Hospital para Niños "Josefina Martínez de Ferrari".
3) Patronato Nacional de la Infancia.
4) Banco de Solidaridad Estudiantil de Valparaíso.
5) Protectora de la Infancia.

Ley 20280
Art. 1° N° 5 m)
D.O. 04.07.2008

B) Los Bienes Raíces pertenecientes a las siguientes instituciones mientras se cumpla la condición que en cada caso se indica:

1) Instituto Interamericano de Cooperación para la Agricultura y que se utilicen exclusivamente para los fines que persigue el instituto.

Ley 20280
Art. 1° N° 5 n)
D.O. 04.07.2008

2) Comité Intergubernamental para Migraciones Europeas (CIME).

C) Los siguientes Bienes Raíces:

1) Industrias mineras ubicadas en el Lago General Carrera, en la comuna de Puerto Cisnes y en la Isla Puerto Aguirre de la Provincia de Aysén.

2) Terrenos de las comunidades agrícolas de las provincias de Atacama y Coquimbo, establecidas de acuerdo al D.F.L. R.R.A. N° 19, de 1963.

III. EXENCIÓN DEL 50%

A) Los siguientes Bienes Raíces:

1) Cooperativas constituidas con arreglo al D.F.L. N° 5 de 2004.

2) Viviendas económicas acogidas al D.F.L. N° 2 de 1959, en la forma y plazos establecidos en dicho cuerpo legal.

Ley 20280
Art. 1° N° 5 ñ)
D.O. 04.07.2008

NOTA:

El artículo 2° transitorio de la Ley 20033, publicada el 01.07.2005, dispone que la modificación de la presente norma, rige a contar del 01.01.2006.

NOTA 1:

El Art. primero de la Ley 20280, publicada el 04.07.2008, dispuso que las modificaciones introducidas en el presente artículo tendrán la misma vigencia que las introducidas en esta ley por los Arts. 1° y 2° de la Ley 20233, vale decir, rigen a contar del 1° de enero de 2006.

CUADRO ANEXO N° 2

NOTA:

El artículo 2° de la Ley 20033, publicada el 01.07.2005, reemplazó el CUADRO ANEXO N° 2, por el "Cuadro Anexo", y derogó las normas legales que hayan establecido exenciones al impuesto territorial y que, como consecuencia de la conformación de este nuevo Cuadro Anexo, han sido suprimidas. La citada derogación, rige a contar del 01.01.2006, según lo dispone el artículo 1° de la Ley 20033.

DECRETO 955 | REGLAMENTO SOBRE REALIZACIÓN DE RIFAS, SORTEOS Y COLECTAS

MINISTERIO DEL INTERIOR

Promulgación: 03-JUN-1974

Publicación: 24-JUN-1974

Versión: Última Versión - 29-OCT-1996

Santiago, 3 de Junio de 1974.- La Junta de Gobierno de la República de Chile decretó hoy lo que sigue:

Núm. 955.- Vistos: lo dispuesto en el artículo 2° de la ley N° 10.262, y la facultad que me confiere el N° 2 del artículo 72° de la Constitución Política del Estado,

Decreto:

Apruébase el siguiente Reglamento del artículo 1° de la ley N° 10.262, de 6 de Marzo de 1952, y del artículo 1°, párrafo IV, N° 1, de la ley 16.436, de 24 de Febrero de 1966, para la realización de Rifas, Sorteos y Colectas.

TÍTULO I
DISPOSICIONES GENERALES

Artículo 1°- El Ministerio del Interior podrá conceder autorización para efectuar rifas, sorteos o colectas una vez al año, a las personas jurídicas creadas para realizar obras pías o de beneficencia privada cuyo objeto sea la educación, la caridad o la asistencia social, a las sociedades mutualistas, a los Cuerpos de Bomberos y a las Instituciones deportivas con personalidad jurídica.

Asimismo, podrá concederla a aquellas instituciones u organismos de Gobierno que, careciendo de personalidad jurídica, tengan por finalidad la educación, la caridad o la asistencia social.

NOTA 1:
El artículo 1° del D.S. N° 969, Interior, de 1975, redistribuyó en los Intendentes Regionales la facultad de firmar "Por orden del Presidente de la República" las resoluciones que se refieran a autorizaciones de colectas públicas, rifas y sorteos, cuando éstas deban llevarse a efecto dentro de su respectiva región. El artículo 2° del mismo D.S. 969, dispuso que al Ministerio del Interior le corresponderá conocer de dichas solicitudes cuando ellas abarquen más de una región o todo el país.

Artículo 2°- La Sección Gobierno Interior será la encargada de la recepción de las solicitudes e informará acerca de la conveniencia o inconveniencia de otorgar autorización para llevar a efecto una rifa, sorteo o colecta.

Artículo 3°- Corresponde al Jefe de la Sección Gobierno Interior:

a) Informar sobre las peticiones para efectuar rifas, sorteos o colectas;

b) Fiscalizar el cumplimiento de las exigencias que impone este reglamento;

c) Aprobar el informe detallado de los ingresos obtenidos mediante la rifa, sorteo o colecta y de su inversión, que la institución beneficiaria estará obligada a presentar dentro del plazo de 60 días, contados desde la fecha de su realización.

En caso de existir irregularidades en su realización o en la inversión de los fondos obtenidos, deberá comunicarlo de inmediato al Consejo de Defensa del Estado, a fin de que deduzca las acciones judiciales que procedan;

d) Aprobar el informe detallado de los ingresos obtenidos mediante la rifa sorteo o colecta y de su inversión, que la institución beneficiaria estará obligada a presentar dentro de plazo de 60 días, contado desde la fecha de su realización.

En caso de existir irregularidades en su realización o en la inversión de los fondos obtenidos, deberá comunicarlo de inmediato al Consejo de Defensa del Estado, a fin de que deduzca las acciones judiciales que procedan;

e) Inspeccionar personalmente, cuando lo estime necesario, todo lo concerniente a los ingresos percibidos y a la inversión realizada. La persona jurídica estará obligada a proporcionar todos los antecedentes y exhibir todos los documentos que se le exija, referentes a la rifa, sorteo o colecta.

Artículo 4°- El incumplimiento de lo dispuesto en este Reglamento para la realización de una rifa, sorteo o colecta, será causal suficiente para denegar, a la persona jurídica infractora, en el futuro, otra autorización similar, sin perjuicio de la responsabilidad civil o penal en que pudiere incurrir.

Artículo 5°- Las utilidades obtenidas deberán ser aplicadas estrictamente a los fines para los cuales fueron solicitados.

Artículo 6°- Ningún estudiante podrá participar en colectas o en la venta de boletas de rifas o sorteos durante los días de clases.

TÍTULO II
DE LAS RIFAS Y SORTEOS

Artículo 7°- Las entidades a que se refiere el Art.

1°, que deseen obtener autorización, presentarán una solicitud dirigida al Ministro del Interior, la que debe contener:

a) Nombre y domicilio de la entidad solicitante;

b) Fecha en que desea efectuar la rifa o sorteo;

c) Individualización de las especies, mercaderías, bienes muebles o inmuebles que serán rifados o sorteados, con indicación de su valor unitario;

d) Fines en que se invertirán las utilidades que se obtengan;

e) Cantidad de boletos que desea emitir y su valor unitario;

Artículo 8°- El solicitante deberá adjuntar con su petición los siguientes documentos:

a) Los Estatutos de la Institución, si los tuviere;

b) Certificado de vigencia de la Personalidad Jurídica, si procediere;

c) Certificado de Impuestos Internos con la tasación de las especies que se rifarán o sortearán e impuesto a pagar;

d) En caso de rifa o sorteo de bienes inmuebles se acompañarán, además, un certificado de dominio vigente; un certificado de gravámenes y prohibiciones y un estudio de títulos hecho por un abogado;

c) Declaración Jurada de que las personas que tendrán a su cargo la organización de la rifa o sorteo y venta de los boletos, pertenecen a la Institución que la efectuará, con indicación de sus datos personales —nombre, número de Cédula de Identidad y domicilio— hecha por el representante legal.

Las personas señaladas en esta letra no podrán ser reemplazadas sin autorización del Ministerio del Interior, y no podrán participar en dos rifas consecutivas.

Artículo 9°- Sólo podrán rifarse o sortearse especies, mercaderías, bienes muebles o inmuebles, con exclusión de premios en dinero.

Artículo 10°- La exhibición en lugares públicos de los objetos o especies destinados a rifarse o sortearse y la venta en dichos puntos de los boletos, sólo podrá efectuarse previo permiso otorgado por la Municipalidad respectiva.

Artículo 11°- Los permisos a que se refiere el artículo 10° se concederán previa presentación de la copia autorizada del decreto respectivo, y en ellos se dejará constancia del número y fecha de éste, de las características del o de los premios y el plazo por el cual podrá ocuparse el lugar o paseo público.

Artículo 12°- La venta de boletos sólo podrá efectuarse una vez dictado el decreto correspondiente.

Artículo 13°- La rifa o sorteo deberá efectuarse ante notario, impostergablemente —salvo los casos calificados por decreto supremo fundado— en la fecha que se indica en el decreto de autorización, independientemente de cualquier otra rifa, sorteo, polla o lotería y serán públicos.

Artículo 14°- No podrá procederse a la rifa o sorteo sin que el notario deje previamente constancia, en acta, de los números que no han sido vendidos. Dicha acta será enviada al Ministerio del Interior.

Artículo 15°- Los boletos deberán ser impresos, corresponder a libretos o talonarios de numeración correlativa e indicar el nombre de la institución que efectúa la rifa o sorteo. Además, llevarán la serie y número respectivo, individualización del o los objetos a rifar, local, día y hora de la rifa o sorteo, valor de cada boleto, total de boletos emitidos y el número y fecha del decreto de autorización.

Tanto en el talón como en el boleto, deberá dejarse constancia del nombre y domicilio del adquirente.

Artículo 16°- En caso de resultar premiado un número cuyo boleto no ha sido vendido, se repetirá de inmediato el sorteo, ante el mismo notario, hasta que se supere esta circunstancia.

Artículo 17°- Las entidades autorizadas para realizar rifas y sorteos deberán publicar en un diario local y en uno de circulación en todo el país, el primer Domingo siguiente al sorteo, los resultados obtenidos, especificando claramente los números premiados y el nombre del o los favorecidos. Tratándose de rifas o sorteos en que el valor total del conjunto de los premios sea igual o inferior a cinco sueldos vitales anuales, escala A, del departamento de Santiago, no regirá la obligación establecida en el inciso anterior, de publicar los resultados, así como tampoco será necesario publicar el decreto de autorización en el Diario Oficial. En estos casos deberá enviarse carta certificada a los favorecidos con algún premio, comunicándoles este hecho.

DTO 1309, INTERIOR
Art. único
D.O. 21.09.1974

Artículo 18°- La institución beneficiaria deberá comunicar documentadamente al Ministerio del Interior el cumplimiento de las exigencias establecidas en los artículos precedentes, a más tardar, en el mes siguiente a la realización de la rifa o sorteo, remitiendo, además, un duplicado del recibo del premio, firmado por el favorecido.

Artículo 19.- En caso que un premio no fuere reclamado dentro del plazo de seis meses, contados desde la notificación por carta certificada al interesado, o si por cualquier otro motivo, transcurrido dicho plazo contado desde la realización de la rifa o sorteo, permanece algún premio sin ser entregado, será adjudicado por el Ministerio del Interior a la institución que estime conveniente.

DTO 1447, INTERIOR
Art. único
D.O. 12.02.1976

Artículo 20°- Prohíbense las rifas cuyos boletos no cumplan con los requisitos que establece el artículo 15°.

TÍTULO III
DE LAS COLECTAS

Artículo 21°- Corresponderá al Ministerio del Interior autorizar la realización de colectas, con excepción de las que compete autorizar a los Alcaldes dentro de sus comunas.

Artículo 22°- Toda entidad que solicite autorización para efectuar una colecta, deberá presentar una solicitud dirigida al Ministerio del Interior, la que debe contener:

a) Nombre y domicilio de la entidad solicitante;
b) Fecha en que se desea efectuar la colecta;
c) Fines en que se invertirán las utilidades que se obtengan.

Artículo 23°- El solicitante deberá adjuntar con su petición los siguientes documentos:

a) Los estatutos de la institución, si los tuviere;
b) Certificado de vigencia de la personalidad jurídica, si procediere;
c) Declaración jurada de que las personas que tendrán a su cargo la organización de la colecta, pertenecen a la Institución que la efectuará, con indicación de sus datos personales —nombre, número de cédula de identidad y domicilio— hecha por el representante legal.

Las personas señaladas en esta letra no podrán ser reemplazadas sin autorización del Ministerio del Interior, y no podrán participar en dos colectas consecutivas.

Artículo 24°- Los solapines deberán llevar el nombre de la institución beneficiaria o su distintivo.

Artículo 25°- Las erogaciones sólo podrán recibirse en alcancías numeradas y controladas por el Intendente o Gobernador respectivo o las personas que designen en su representación.

Artículo 26°- Dichas autoridades presidirán el acto de apertura de las alcancías en los lugares por ellas fijados, debiendo levantarse un acta en la que conste el número de alcancías empleadas y el monto de los dineros recaudados.

Artículo 27°- Una copia del acta indicada en el artículo precedente, debidamente firmada por la autoridad de Gobierno o la persona que designe en su representación y por los mandatarios de la institución, deberá ser remitida al Ministerio del Interior conjuntamente con el informe que trata la letra c) del artículo 3° de este reglamento.

Artículo 28°- La colecta sólo podrá efectuarse previa dictación del decreto que la autoriza.

Artículo 29°- Prohíbense las colectas que no cumplan con los requisitos que establece el presente Reglamento.

Artículo 30°- El Ministerio del Interior podrá conceder autorización, en casos calificados, para que las erogaciones sean percibidas por otros medios, no contemplados en el artículo 25°.

ARTÍCULOS TRANSITORIOS.

Artículo 1°- Este Reglamento empezará a regir desde el día siguiente a su publicación en el Diario Oficial; pero, en las rifas o sorteos autorizados bajo la vigencia del Reglamento anterior, podrán usarse los boletos impresos con los requisitos exigidos por dicho Reglamento.

Artículo 2°- Derógase el decreto de Interior N° 114, de 19 de Enero de 1971.

Anótese, tómese razón, comuníquese y publíquese.- Por la H. Junta de Gobierno, AUGUSTO PINOCHET UGARTE, General de Ejército, Presidente Junta de Gobierno.- Óscar Bonilla Bradanovic, General de División, Ministro del Interior.

Lo que transcribo a Ud. para su conocimiento.- Saluda atentamente a Ud.- Eduardo Avello Concha, Subsecretario del Interior subrogante.

ÍNDICE DE VOCES

R

S

T

V